汉家烟火里的精致小生活

王一凡/著

中国铁道出版社有限公司
CHINA RAILWAY PUBLISHING HOUSE CO., LTD.

图书在版编目（CIP）数据

汉家烟火里的精致小生活 / 王一凡著. —北京：
中国铁道出版社有限公司，2023.4
ISBN 978-7-113-29776-3

Ⅰ. ①汉… Ⅱ. ①王… Ⅲ. ①社会生活-生活史-
中国-汉代-通俗读物 Ⅳ. ①D691.9-49

中国版本图书馆CIP数据核字（2022）第210326号

书　　名：汉家烟火里的精致小生活
　　　　　HANJIA YANHUO LI DE JINGZHI XIAOSHENGHUO
作　　者：王一凡

责任编辑：马慧君　　　　编辑部电话：（010）51873005
封面设计：闰江文化
责任校对：刘　畅
责任印制：赵星辰

出版发行：中国铁道出版社有限公司（100054，北京市西城区右安门西街8号）
网　　址：http://www.tdpress.com
印　　刷：河北宝昌佳彩印刷有限公司
版　　次：2023年4月第1版　2023年4月第1次印刷
开　　本：710 mm×1 000 mm　1/16　印张：13　字数：184千
书　　号：ISBN 978-7-113-29776-3
定　　价：58.00元

写在最前面的话

和我约书的编辑问我，能不能写一本关于汉朝的书。她说因为我是“长安人”，对汉长安应该很熟悉。

实话实说，即使是“长安人”，多数人熟悉的，都是唐长安。无论是写书，还是拍电视剧，唐朝那点儿事，不知道被多少人扒拉了多少回。所以，一提起长安，大家想到的，总会是大雁塔、是华清池、是大明宫，是大唐西市里的热闹。

唐长安太富贵、太豪华了，以至于今天的西安人提起来，总会扬扬得意，似恨不得一觉睡醒，时间回到了一千多年以前。

但这里，曾经也是汉朝的长安。

只是赫赫的大汉王朝，到底又给这里留下了些什么呢？

在今天的西安市辖区中，有一个叫未央区。说真的，我真是太喜欢这个地名了。

夜如何其？夜未央。

“未央”是来自《诗经》里的词语，有绵绵无尽的意思。这个词在汉朝的时候被用来命名一座非常有名的宫殿——未央宫，大概就是想说大汉王朝可以永世不绝的意思吧。

当然，这是两千多年以前的事了。这座宫殿早就跟着大汉王朝一起被碾进了历史的车轮。但这个名字，连同它的遗址却一直留在了未央区这块土地上。

未央宫遗址公园，在这里，能准确地找到当年汉长安城的遗迹。

当年我去参观的时候，导游指着一座高高的土台子说：“这里，就是电视剧中常见的未央宫前殿，只不过现在只剩下这座台基了。”

我的天！“未央前殿月轮高”里的未央宫前殿！

没错，就是它！但和我的想象太不一样了，我的想象太宏伟、太浪漫、太精彩纷呈！眼前看到的，太落魄、太荒芜、太孤单了。

然而，当我沿一条石子铺成的甬道走向这座高台的时候，一切突然就变得不一样了。

导游一边走，一边慢悠悠地告诉我说：“当年皇帝上朝的时候所走的路，正是我们现在脚下的这条甬道!”

顿时，我感觉好像乘上了一架时空穿梭机，一下子回到了两千多年以前。这么想着，当我踏着汉武大帝的脚印登上那座台基的时候，还真就找到了一种“君临天下”的庄严感。

从这里放眼看去，可以看遍当年的长安城。导游一个一个分别指给我看：

“那里是当年妃子们住的宫殿。”

“还有那条路，看到没有，自南而北，那可是当年汉长安城里的主干道，保存了两千多年!”

“这边住的是官员们，那边住的是老百姓；再远处，就是汉朝最大的贸易市场啦!”

你别说，顺着导游手指的方向，我一处一处地看着，突然好像真的看到了汉朝的老百姓。他们穿着汉朝的服装，从两千多年以前又回来了！他们在这儿繁衍生息，一起在这座长安城里撑起了汉朝的烟火人生！

目 录

第一章　家在汉长安　1

改变历史的一句话，竟然是他说的　2

长安落户须知　6

这里的房价很亲民　10

家居流行古朴风　17

第二章　汉朝职业大观　25

宫中那些事　26

汉朝人的仕途　29

大汉朝职业简析报告　32

奴家的戏剧人生　43

第三章　汉朝其实很文艺　47

是人才，从不问出处　48

笔墨纸砚，大汉传奇　52

在大汉朝，听一场别开生面的音乐会　62

没有手机的汉朝人，消遣起来很威武　68

第四章　汉家小儿女的情深意长　77
汉朝人的爱情，藏在他们的情歌里　78
再婚女人的幸福生活　83
儿媳妇的美好时代　86
一场财产纠纷案引发的思考　89

第五章　购物很费钱，购物很快乐　93
从第一笔订单，到商业的起源　94
汉武帝的生意经　100
华夏之邻市场繁荣　104
逛街必备，首选是钱　114

第六章　坠入汉家烟火气　121
五谷争宠小麦胜　122
汉朝人的厨房不寂寞　125
没有炒菜的日子里，活出滋味来　135
汉朝人善饮，绝不是吹的　142

第七章　梦里的汉家衣裳 **147**
汉朝流行瘦美人 148
你真的了解汉服吗 152
汉朝人的品头与论足 160
巾帼美女的首饰盒 167
爱美的汉朝男人 171

第八章　大汉出行攻略 **175**
比天气预报还重要的出行必看 176
曾经的古道，其实很热闹 180
有车一族的小烦恼 190
你已身在大汉，请出示你的通行证 197

第一章　家在汉长安

改变历史的一句话，竟然是他说的

有一句话说，英雄造时势。

这话的意思是，历史上有许多重要时刻都是那些大英雄造就的。

到底什么样的人才能算得上大英雄呢？

今天咱们聊的是汉朝的故事。既然说英雄，那刘邦就必须算一个。他带着一帮穷哥们儿斩蛇起义，先是将秦朝短暂的历史成功地给画上了一个句号，紧接着就把项羽逼到了乌江边，让项羽一句“无颜见江东父老”后就抹了脖子！

这之后，天下就成了老刘家的。

所以刘邦是个大英雄，他一手缔造了大汉王朝！

说到这里，“项粉”们肯定不答应了。如果刘邦是英雄，难道项羽不是英雄吗？虽然他被刘邦逼得抹了脖子，但他拥有的“粉丝”数量绝对不比刘邦少。

没错，项羽在很多人的心中，也是个大英雄。项羽被视为一个带有强烈悲情主义色彩的英雄。他像一棵大树，雄壮、魁梧、顶天立地，可突然一夜之间就轰然倒塌了！可把人看得心疼，而那些在树下发生过的浪漫故事，就更让人难以忘怀了。

因为这些都不存在了，这棵树曾经的屹立成了一种象征，它本来是可以参天的，因此让人怀念。

项羽和刘邦不一样。刘邦更像是现实意义上的英雄，因为他最终成功了；而项羽更像是美学意义上的英雄，他的故事让如此多的人感叹和惋惜。

但我今天想给大家讲的这个英雄，他既不是刘邦这样的英雄，能缔造一个朝代；也不是项羽这样的英雄，能成为一种美学符号。我今天要聊的这个人，知道他名字的人大概很少。因为他实在不是什么了不起的大人物。但是，他做了一件改变历史的大事情。

这个事情，得从刘邦穿上皇帝盛装的那一天说起。

那是公元前 202 年，垓下一战彻底结束了为时四年的楚汉相争，刘邦在定陶汜水之阳登基，做了皇帝。

可谁知，他的屁股刚坐上皇帝的宝座，一场激烈的争论就在他的鼻子底下展开了。他的那些弟兄们，你一嘴我一嘴的，谁也不肯让着谁。

这些人在争什么呢？

当然是把都城选在哪里的问题了。

大家争论不休，各有各的理。但刘邦已有主意，他一直在等着一个能盖过所有人的声音。

果然，这个声音出现了！

洛阳是个好地方，东边有虎牢，西边有崤山。这么易守难攻的好地方，难怪周平王把都城迁了过来。

刘邦一听，大腿上拍了一巴掌："就这么定了，我也觉得洛阳是个好地方！"

可就在这个时候，一个"小人物"出场了。

此人姓娄，名敬，是个连军衔都没有的小兵。那时，他本来是要到陇西去戍边的，可当他听说新皇帝要在洛阳定都的时候，穿着一件破羊皮袄就想跑来见刘邦。

此时的刘邦，又岂是他这个小兵说见就能见得着的？

好在，娄敬有个姓虞的好朋友，正好在刘邦的手下当将军。娄敬对他说："反正我不管，我就是要见皇帝，你得给我想办法。"

这位虞姓的朋友一看：好家伙，你穿得破衣烂衫的，还想见皇帝？麻烦大哥，能不能先换件干净衣裳呀！

可娄敬是多有个性的一个人啊："我凭实力说话，跟穿戴没关系！"

虞姓朋友没办法，只好跑到刘邦那儿，趁着刘邦心情好，替娄敬说了不少奉承的话。

就这样，娄敬穿着那件破羊皮袄，出现在了刘邦的面前。

刘邦好奇地问："你非要见我，是不是有什么话要对我说？"

只见娄敬不卑不亢，站在刘邦眼前，展开了一场才华横溢的"脱口秀"，从周朝的创业史，一直说到了秦朝的灭亡，最后说到刘邦跟项羽的楚汉相争。你别看娄敬的身份低微，但学识可不得了。尤其是他这一段话，说得在场所有的人都不得不给他抬手点个赞：

且夫秦地被山带河，四塞以为固，卒然有急，百万之众可立具也。因秦之故，资甚美膏腴之地，此所谓天府者也。陛下入关而都之，山东虽乱，秦之故地可全而有也。

娄敬这一段话，十分准确地分析了后来那么多君王愿意选关中作都城所在的原因——这里既有黄河之险，又有秦岭为屏障，而且物产丰富、民风淳厚。

所以，关中更适合作为都城所在。

娄敬用两个人争斗给刘邦举例子：如果不能掐住对手的脖子，摁住对手的脊背，是不能完全获胜的。假如能在关中定都，这就相当于既掐住了天下的咽喉，还能给所有对手的后背狠狠来一下。

夫与人斗，不搤其亢，拊其背，未能全其胜也。今陛下入关而都，案秦之故地，此亦搤天下之亢而拊其背也。

这就是关中天然的地理优势啊！

刘邦一听，言之有理。于是转头看向他的大军师张良。

张良也听得入迷，此时正对着这个外表简单，但学识十分渊博的娄敬频频点头。当张良看到刘邦投来征求意见的眼神时，赶忙挑起大拇指，手动地补了个“赞”。

就这样，原本已经不在刘邦考虑范围内的关中，重新又回到了刘邦的视野，于是浩浩荡荡带着他的人马，一路辗转跑到关中来落户了。

这段故事，我最早是从《史记》里读来的。实话实说，读完以后，我的后脊梁起了一股冷汗。想想真是后怕呀，假如那天没有娄敬在刘邦面前那一番神采飞扬的“脱口秀”，长安还会不会在历史上浓墨重彩地出场，还真是件很难讲的事。

长安落户须知

“长安”的前世与今生

前面我说了好几次“我是长安人”。其实，这话我也就敢偷偷地跟读者朋友们说一说。如果在西安城里，我就这么大模大样地说“我是长安人”，多半人会呛我。

因为“真正的长安人”不答应！

在西安的行政区域划分里，有个长安区（之前叫长安县）。在西安市一直朝南，过了大雁塔，终南山底下的那一片，全是长安区的地界。如果我当着这里人的面，说“我是长安人”，他们会毫不客气地顶我一句：“你不是我们‘长安人’，我们‘长安人’不认你！”

我也会毫不客气，拍着桌子跟他们喊：“你以为你们就是正宗的‘长安人’吗？”

他们也急了，拿着教科书跟我说，唐朝的时候“他们这儿就是长安县”！

那我只好跟他们说，别说是唐朝，从秦朝那时，“长安”这地名就有了。但历史沿革，概念和区划多有变化。

翻开《太平寰宇记》，里面说得明明白白：

长安，盖古乡聚名，隔渭水对秦咸阳宫。汉于其地筑未央宫，置县，以长安为名。

看到没有，隔着渭河跟咸阳宫遥遥相望的地方，这属于现今未央区的地界。而在此之前，这里，曾有过一个小村子，它的名字就叫“长安”。再而至隋唐，还有变化。

当刘邦听了娄敬的建议，又在张良的鼓励之下，终于带着大部队浩浩荡荡地入了关中后，他开始思考一个问题：皇宫应该建在哪儿呢？

总不至于，还住在秦朝残存的旧宫殿里吧？

不、不、不，刘邦要重建新修。

就在这个时候，“长安”这两个字映入了他的眼帘。他想，这是多好的地名啊，吉利，可以长治久安！刘邦就选用了长安县这个名字。至于长安城，当然就是在长安县的地界围绕宫殿区域建起来的一座城，也就是汉长安城。

在汉长安城这座方圆三十多平方公里的城市里，有将近三分之二的地方都被皇帝跟他的家人以及贵族、官署占据。像我们最熟悉的未央宫、长乐宫、桂宫，以及皇后住的椒房殿，都在这一区域。不用说，这里是皇宫，对于普通人是禁地。

说到这里，我突然就想起了我当年参观汉长安城遗址的时候，不知怎的，脑子里突然就冒出一个奇怪的念头：“如果能住在这皇宫旁边，跟皇帝一家做邻居，也是件挺美的事情。”

但这是不可能的。

汉长安城主要分成三大部分：

第一部分是宫殿官署区，面积很大，在城市布局中占据中心地位。

第二部分是商业区，称为“市”，是集中做买卖的地方。

第三部分是居宅区，但所住之人绝大部分是官僚贵族、豪强巨富，普通百姓所占区域非常有限，主要在城市东北角。

遇见古老的“里”

很多年以前，我读过王安忆的一部小说——《长恨歌》，是讲老上海故事的，女主角住的那个地方，叫作“平安里”。

读到这个名字的时候，我觉得可真好听呀，“里”比“巷子”可要美太多了！

后来，书读得多了，见识也多了，方才知道原来这“里”不是上海的原创。

东汉时，有个叫薛包的人，是个大孝子，特别听他爹的话。但这孩子挺倒霉的，从小便没了娘。后来，他爹给他娶了个后娘，可是这个后娘并不喜欢他，老想让他从家里搬出去。可薛包舍不得他爹，说什么也不愿意离开家。

这可怎么办呢？

《后汉书》里记录了这个故事，最后的原话是这样说的：

乃庐于里门，昏晨不废。

这里的“庐”做动词讲，是搭个窝棚的意思。至于“里”，书上是这么解释的：里，城内人民的居住区，有围墙、有门，里面住着一户一户的人家。

薛包虽然被从家里赶了出来，但为了时时能见到亲爹，就在里门处搭了个窝棚住了下来，也就是相当于住在居民区的入口。

里，就是汉朝的居民区。“里”这个字的组成其实是很有意思的，一个田一个土，所以它在更早的时候，指的就是以田土为中心的共同体，像个小部落似的，领头人叫作“里君”，普通百姓就叫作“里人。”而以此为单位的城市居民区，却是到了汉朝时才开始流行起来。在当时，有钱有权的人住的地方叫作“里”；穷人住的地方也叫作“里”。

但这“里”跟“里”的差别可大着呢！

西汉的时候有个人名叫石奋，他的姐姐长得特别漂亮，被皇帝一眼看中，成了皇帝身边的人。从此石奋一家鸡犬升天，全都搬到了长安城中一个叫作“戚里”的地方。

这里是贵族居住区，所谓的“戚”，就是皇亲国戚。所以，戚里住的都是皇家姻戚，在城市中心靠南的位置，属于黄金地段。

而那个时候，大部分的老百姓都住在城市以外的农村。就算能在城里买套房，那也只能在城市东北角的平民区安个家。所以，和皇帝做邻居这样的事，对于一个普通百姓来说，真的就只能是个梦了。

这里的房价很亲民

选房，邻里关系很重要

说到汉朝人的邻里关系，大概最有名的，要数王吉因为几颗大枣休妻的故事。

到底是什么样的大枣，值得这位王先生连老婆都不要了呢？

其实也不是什么十分特别的枣，只是这枣并不是长在王吉自家树上的。那天一大早，他老婆起床到院子里一看，咦，隔壁家的枣树长得可真是繁盛，树枝都伸进我们家来了，而且上面还挂着不少熟透了的枣！

王吉老婆一看，赶紧搬梯子摘了些大枣，洗好就端给王吉吃。

王吉问："这枣哪儿来的呀？"

他老婆喜滋滋地就把实话说了，原以为王吉还能夸她两句呢，谁知道，王吉一听就火了，这么爱占小便宜的婆娘，不要了！

他一封休书，把老婆打发回娘家，端着大枣就来给邻居道歉了。

邻居一听，因为我们家的几颗枣，就让王先生把老婆给休了。看起来，都是这棵枣树惹的祸，你说你在自己家院子里长得好好的，干吗非要伸到王先生家的院子里去呢？

于是这位邻居也是二话不说，拿了把斧子就要把枣树砍了。

邻居们赶忙上来劝，说这有什么难的啊，你别砍树了，王先生您也赶紧把夫人接回来，如此一来，皆大欢喜，两家人的心里也就都舒服了。

这是记在《汉书》里的故事，据说当时还流传了个顺口溜：

东家有树，王阳妇去；东家枣完，去妇复还。

王吉和他的邻居之间互相敬重、和睦共处，但也要问，妻子之过有那么大吗？

其实如果喜欢读历史，你就会发现，在汉朝，像这样歌颂邻里之间和睦相处的故事特别多。汉朝强调邻里关系的重要性，关于这一点，从他们官员的选拔制度上都能看出来。

你想当官吗？可以啊，只要你的邻居举荐你，说你是个人才，你就有当官的可能，这在当时叫作“荐举制”。当然，这个邻居也不是普通人。

汉初授宅田，幸福感满满

我小的时候，我们家住的房子是我爸单位分的，我爸妈一个月的工资拿多拿少，也是单位按月造册发放的。一个单位好几百户人家都在一个家属院里住着，谁家是个啥情况，街坊邻居都知道。

是不是觉得我扯远了，讲汉朝的居住，却把我爸妈的时代扯了出来？

那是因为我突然发现，汉初的情况有些类似哩！

汉朝初年，准确地说是吕后二年，曾颁律令，授予上到侯爵，下到普通百姓田宅，这其中甚至包括某类刑徒。

所以讲到这儿的时候，一些人的心里又开始打算盘了：如果真有这么好的政策，可不可以把分到手的田宅一卖，换了钱再找官府去申请。这样一来二去，那可就发财了。

这当然是不可能的！因为其中还有一条是这样规定的：

受田宅，予人若卖宅，不得更受。

意思是说，每户人家受田宅的机会只能有一次，卖了，再想申请，对不起，门儿都没有。

汉朝的房子长啥样

小时候学《古诗十九首》，其中有一句“西北有高楼”，每次读到这句的时候我都会想，原来汉朝人的建筑水平，都已经那么厉害了呀！

《古诗十九首》虽然是世称“昭明太子”的萧统收集整理的，但它们产生的时代，却是在汉朝：

西北有高楼，上与浮云齐。
交疏结绮窗，阿阁三重阶。

这楼盖得很是气派，高得都可以够到天上的浮云了。窗棂上雕刻着好看的花纹，四周飞檐高高地翘起来，交错重叠，很是壮观。

实话实说，高可触云当然是一种艺术夸张。但，如果你怀疑汉朝人盖楼的能力，那我只能说你太小瞧汉朝人了。

就拿下面的这个例子来说吧。

当时，大概是家里的大家长去世，留下了一大笔家产。为了防止家里的兄弟姐妹为了这些家产打得头破血流，就把他们家所有的财产都刻在了一块儿石碑上，这就是后来在书法界非常有名的《郑子真宅舍残碑》，上面记着他们家有多少牲口、多少仆人、多少钱财，当然，还有多少房子。

在这些记录中，其中就有这么几条：

故潘盖楼舍并二区……

故吕子近楼一区，五万。

故象楼舍一区，二万五千。

……

凤楼一区，三万。

瞧见没有，他们家的楼舍有好多，而且都值好几万。可见不是大富豪，至少也是个大财主。

至于普通老百姓的房子又会是什么样的呢？来参看汉文帝时期的例子。

汉文帝时期，军事力量还比较弱，位于北方的匈奴动不动就来骚扰。于是，汉文帝就想使百姓移居到北方去，以达到充实边塞的目的。

可怎么才能让老百姓愿意背井离乡，搬到那么远的地方去呢？

晁错给汉文帝出了个主意——得让老百姓尝到甜头。比如，可以向一些奴隶许诺，让他们成为自由之人，但条件是需要让他们迁居到塞外。而且只要他们愿意去，朝廷就给他们分房子：

先为筑室，家有一堂二内，门户之闭，置物器焉。民至有所居，作有所用，此民所以轻去故乡而劝之新邑也。

晁错参照古人的办法，替这些搬去边塞的老百姓向汉文帝提出了一个起码的住房条件——“家有一堂二内”。有学者认为，这是汉代标准民居。

一堂，指的是厅堂，位于房子的正中间；二内，指的是两间卧房，在厅堂的左右两边。

标准的两室一厅的房子！而且房价还不贵。如果你真有心想要买的话，我来给你算笔账。

有本书叫《九章算术》，是汉代人编的数学教材，其中有道题是这样的：

今有取保，一岁价钱两千五百。今先取一千二百，问当作日几何？

这是一道小学数学题。答案不重要，重要的是这里面为我们提供了一条线索——两汉一个普通打工人的工资，可能就是年薪两千五百钱左右。

假如你觉得这个数学题不太靠谱的话，咱们来查《汉书》。

《汉书》里面记载了一个东方朔要求涨工资的故事，说他刚参加工作那会儿，皇帝并不太重用他，所以给他的工资标准定得特别低。于是他就跑到皇帝那儿去说："您的侏儒，个头儿不过三尺，一个月拿二百四十钱。我个头儿九尺，一个月也拿二百四十钱。这工资对他们来说能撑死，对我来说，得饿死。"

按东方朔的说法，他一个月工资是二百四十钱，一年下来，也就不到三千钱，跟《九章算术》那道题目讲的差不了多少。

东方朔抱怨说，他这工资太低了，根本吃不饱。那么我们就且把他当作是汉朝的低收入人群，一年两千五百钱到三千钱。

现在我们来看看汉朝的房价。

在居延汉简中，有汉朝人的文书，有户籍信息，还有军事档案。其中一份户籍信息，有这样的记录：

宅一区，直三千。

这应该就是普通民宅，价值只有三千钱。如此算来，普通打工人干两年下来，买套房子还是很有可能的。

人生有三急，谁都要面对

有句话说，百里不同风，千里不同俗。我记得十几年前，我跟朋友开车，穿过一望无际的大草原去看青海湖，路上突然内急，朋友把车停下来。我随便找个地势低洼的地方就可以把问题解决了，十分贴近自然。

来看看古人厕所的情况。

我想到一个故事，故事的男主人公是秦朝大政治家李斯。在李斯还很年轻的时候，曾经做过仓库管理员。他经常能看到仓库里的老鼠养得又肥又大，胆儿还特别大，一点儿也不怕人。为此他特别烦恼。

可有一次他去上厕所，在那里也发现了一只老鼠，长得又瘦又小，一见人来就吓得要命。这让李斯非常有感触：做老鼠都得找个好地方，何况是人！

这是个非常有名的故事，当然我们今天不是谈励志的，我们要谈的是关于厕所的问题。

这个故事说明，厕所早就有了。

那汉朝的厕所呢？

《汉书》里记载着这样的一段故事：

汉昭帝时，燕王刘旦谋反，当时发生了许多奇怪的事情：井水枯竭了，猪从厕所中跑了出来，树上的鸟儿争斗死了，老鼠跑到大殿上去跳舞……

总之，各种反常的现象都发生了。

其中，有一件事情和我们今天要聊的话题十分接近：

厕中豕群出，坏大官灶。

豕，指的是猪。猪全都从厕所里面跑出来，把灶房给拱坏了。

神不神奇？猪怎么会从厕所里跑出来呢？

这个问题如果放在今天的城市，那就太奇怪了。如果发生在汉朝，就是一个非常正常的事情——因为汉朝人的猪圈跟厕所是合二为一的！

在我很小的时候，回乡下去看我大姑妈。刚到家，我就想要上厕所，表姐把我领到屋后一个土墙围起来的猪圈里，那里养着两头又黑又壮的猪，哼哧哼哧的，瞪着圆圆的大眼睛。我一看，吓得拔腿就跑。听我爸说，他们小时候生活在农村，厕所都是跟猪圈连在一起的。

所以，当看到汉朝人的厕所是跟猪圈连在一起的时候，我一点儿也不意外。而且我还发现，他们厕所的构造要比我姑妈家的还别致。当我看到出土的汉代陶圈厕时，我简直惊呆了！

那是一个小小的圈起来的猪圈，里面还养着一头母猪跟几头小猪娃。猪圈的一头搭着一个高高的台子，像架在猪圈上头的一个小二楼，那就是他们的厕所，厕所底部跟猪圈相通。

家居流行古朴风

就餐方式很文明

生活在西安，实在是件十分幸福的事情，无论走到哪儿，都有可能遇到一段了不起的历史传奇。

这是一位外地朋友对我说的。

那天，我带他去临潼看兵马俑。回来的路上，他突然惊叫了起来："鸿门，是项羽请刘邦吃饭的地方吗？"

没错，这个西安人没太放在眼里的村子，确实就是当年项羽给刘邦设宴的地方——鸿门。

所以，我们今天要讲的重点问题就来了：汉朝人招待客人，他们家里都用啥摆设呢？

有个爱情故事，说的是东汉一个叫梁鸿的人，娶了个老婆叫孟光。孟光长得较丑，但特别贤惠，她不嫌弃梁鸿是个穷光蛋，而且还特别崇拜他。每天梁鸿"下班"回到家，孟光都会恭恭敬敬地把做好的饭菜端到他面前。

于是，一个象征夫妻恩爱的成语便出现了——举案齐眉！

举案齐眉的意思，说的是孟光请梁鸿用餐的时候，每次都要把盛着饭菜的案子举得跟自己的眉毛一样高，这是为了表示她对丈夫的尊敬。

每归，妻为具食，不敢于鸿前仰视，举案齐眉。

这种“案”，在当时叫作棜案，确实有点像托盘，但比托盘大，而且大多是方形的，有的还会加上很低的托梁，方便托举，它在汉朝是一种轻便的可以移动的餐桌。但在正规的宴席上，汉朝人使用最多的，却是一种固定的食案，一米来长，半米来宽，高不到二十厘米的样子。

这么低的食案，也难怪他们吃饭的时候，都要席地而坐了！

所以“席地而坐”的席子，在汉朝就是一个非常重要的家具了，相当于我们现在的沙发或者椅子。

施席接宾，士无愚贤。

接待客人的时候，无论对方什么样的身份，来了都坐席子上。

小时候听我爸给我讲过一个割席断交的故事，是说管宁跟华歆这一对好朋友的。

他们两个是同学，可是华歆太爱慕物质的繁华了，他读书没有管宁那么专心。有一次，两个人正在屋里读书，窗户外面突然传来特别热闹的声音。管宁就跟没听见似的，还在安心地读着自己的书。

可华歆坐不住了，跑出去观看。管宁特别瞧不上华歆的这种学习态度，于是拿了把剪刀，把两个人同坐的一张席子一分为二，说：“咱俩不是同路人。”

瞧见没有，当时两个好朋友在一起读书的时候，坐着的就是一张席子！

还有价格的问题，既然席子在汉朝这么普及，买一张需要多少钱呢？

六尺蔺席出河东，上价七十。

这是一种用蔺草编成的席子，属于最普通的草席，一张价值七十钱，前面说东方朔月工资二百四十钱，这样一算，也不便宜呢！

草席之外，还有竹席。我们读古典诗词，总是能读到一个十分雅致的字“簟”。簟，指的是细竹席，只听这个名字，就比草席上了一个档次，做工自然也精美了许多。

汉成帝的皇后赵飞燕有个妹妹叫赵合德，长得跟姐姐一样好看，也一样受到了皇帝的宠爱。传说，在赵合德住的宫殿里有很多值钱的家具，其中就有一张“绿熊席”，带着长长的毛，躺在上面能玩捉迷藏。

总有个办法能让腿舒展一下

讲完汉朝人的席子以后，有没有突然觉得腿有点儿疼？

放心，汉朝人让腿舒服的办法多着呢。这不，贾谊家里的这件家具不就是个例子么？

郦道元在他的《水经注》里说，贾谊的老宅里有一口井，井的旁边放着一张坐具，很小，像个小凳子似的。

这玩意儿是什么呢？

云谊宿所坐床。

郦道元说，这是贾谊歇脚用的“坐床”，特别低，和食案二十厘米的高度基本不相上下，但很小，只能坐一个人。所以，它就又有了一个名字叫“独坐”。这名字听上去有种十分强烈的孤独感，想找个人来做伴儿都不成，坐不下啊！

东汉末年，天下大乱，孙权到处招贤纳士，就这样，鲁肃来了。他被周瑜带到了孙权的面前。俩人一聊，相见恨晚，鲁肃好几次想要起身告辞，都被孙权拉住不让走：

乃独引肃还，合榻对饮。

俩人坐在一张榻上喝起酒来了！

这说明榻至少要比独坐大一倍，可供两个人坐。榻轻巧方便，想用的时候铺开，不想用的时候还可以挂起来，一点儿也不占地方，所以才有了“陈蕃悬榻”的故事。

陈蕃是东汉豫章的地方官，这人很是清廉，平日里跟谁都不往来，就怕有人托关系走后门。

可唯独有个人例外，他就是当地的名士徐稺。

徐稺念了一肚子的书，就是不肯到朝廷做官。偏偏陈蕃看上的，正是他这种超凡脱俗的气质。所以，陈家的大门随时都为徐稺敞开着，不仅如此，陈蕃还专门为他设了一张榻，只要徐稺一来，陈蕃就把榻摆上，两个人侃侃而谈，聊得十分投机。徐稺一走，陈蕃马上就把这张榻重新挂起来，表示除了徐稺外，再也不接待任何人的意思。

蕃在郡不接宾客，唯稺来特设一榻，去则悬之。

可见这榻较为小巧。所以，东汉经学家服虔将它们按尺寸大小做了定义区别：

三尺五曰榻，独坐曰枰，八尺曰床。

换算成我们今天的计量单位，一张榻的长度在九十厘米左右；而一张床的长度，则在两米左右；枰，就是独坐，最多不过三十平方厘米的样子。如此一来，它们的功能就非常清楚了。

不过我要提醒你一点，在汉朝坐榻可要讲究点儿姿势，千万不要来个“葛优躺”，不然别人一定会说你没礼貌的。

汉朝人坐榻讲究屈膝降腰，像跪着一样。所以我们前面提到的那位爱学习的管宁，他有一张榻用了五十年，上面生生地被磨了两个洞。

怎么回事呢？

被膝盖给跪出来的呗！

所以，榻上放一张凭几便显得十分重要了。万一跪得腿抽筋了，两只手也能扶在几上稍做休息。凭几不用太大，二三十厘米的长度就足够了。凭几样子格外精致，通常几面凹曲，两端还雕有好看的图案。在榻上读书的时候，可以把书本堆在几上，这样就方便得多啦。

如果读书读得累了，想要睡觉的话，建议还是一定要置一张床的。

在汉朝，床是比独坐和榻更高级的家具。无论是独坐，还是榻，它们的构造都非常简单。

但床的构造就要复杂得多了。汉朝的床一侧设屏，背后设扆，总体来看，形成个半包围的空间。

显然，这才是睡觉的好地方嘛。

你以为老土的装修风，其实在汉朝很流行

看《后汉书》的时候读过一个故事，说有个叫雷义的人，是个地方官。有一次，当地有个犯了事的人来找雷义，雷义曾帮助过他，所以他就想在被抓起来以前，拿些黄金来感谢雷义。

可雷义哪能要呢？所以一再地拒绝。

于是这人就把黄金放在了雷义家的承尘之上，后来雷义打扫房间卫生的时候才发现了，想要还却没法还了。

因为那人犯的是死罪，已经被斩首了。

雷义没办法，只好把黄金交公了。

这故事很容易看懂，讲一个官员为政清廉的故事。但这故事里面有个细节，我一开始怎么读也没读懂，原文是这样：

金主伺义不在，默投金于承尘上。

说的是那个送金子的人趁雷义不在家的时候，把金子放在了他们家的承尘之上。

什么是承尘呢？

我从来没有听说过这个东西，只好查资料，这一查，还真找到了答案——“乘尘，施于上，以承尘土也”。

汉代的家装还没有天花板一说，所以屋梁上的灰尘稍有个风吹草动，就会满屋子乱飞，落在衣服上、被褥上，甚至喝水的茶杯里。

所以，聪明的汉朝人，他们早就用上了“承尘”这样的家具。

据说承尘最早的起源，就是平铺在床顶上的一张小幕，后来慢慢演变成一种家具，多数是木制的平板，上面雕刻着好看的花纹，把它固定在床顶。其作用不用多说，听它的名字就知道——承尘，接住灰尘的意思！

那么屏风显而易见，自然是为了挡风的！

前面我们讲汉代房屋格局的时候说，他们的房子通常都是一堂两内的结构。这个堂，类似于我们今天的客厅，多用来接待客人。但它有个缺点，推开门就能把堂内看得一清二楚。这样不仅没有私密性，而且风还会肆无忌惮地贯堂而入，多冷啊！

所以，屏风就派上用场了。

汉代屏风最常见的是木制，当然高级的也有玉屏风，做成三四米长度，挡在堂屋的门口。可即便如此，有的时候还是不能起到防风御寒的效果。尤其是到了冬天，就算再豪华的屏风，也挡不住风呼啸着吹进屋里来。

于是“帷幄”就出现了。

帷幄这个词大家其实并不陌生。

刘邦刚做皇帝的时候说过一句话：“运筹帷幄之中，决胜于千里之外，吾不如子房。”

这里的“帷幄”指的是军帐。所以这段话的意思是，在军帐里出谋划策，掌握千里以外的战况，我刘邦比不上张良。

其实帷幄真正的意思，是一种防寒屏蔽用的高级家具。下面我要讲的这个故事，就是个很好的例子。

当年汉哀帝刘欣做了皇帝以后，他最大的心愿，就是让自己的亲奶奶和亲妈也能享受后宫里最高的待遇。

那个时候的太皇太后是大名鼎鼎的王政君。

王政君是汉元帝刘奭的皇后，汉成帝刘骜的妈妈，还是王莽的姑姑。她却跟汉哀帝没有什么血缘关系。

成帝刘骜当了二十多年的皇帝，却没能留下一个孩子来继承皇位。他选的是他的侄子刘欣。

刘欣当了皇帝以后，想让他的家人也跟着他一起过好日子。所以，在一次皇宫聚会上，他把他奶奶的位置安排在王政君旁边，并让人拿了一套帷幄。

这下，王莽不答应了。王莽跳起来就喊：“她算什么，凭什么跟太皇太后一个待遇呢？”

未央宫置酒，内者令为傅太后张幄，坐于太皇太后坐旁。莽案行，责内者令曰：“定陶太后，籓妾，何以得与至尊并！”

这是一个争夺权力的故事，不是我们今天讲的重点，但这个故事至少告诉了我们，在汉朝，帷幄确实是一件可以保暖的高级室内家具。

至于普通的百姓家庭，很多人可能连一套像样的房子也未必住得起。在汉朝，找点儿白茅草搭个屋勉强过日子的大有人在。

第二章　汉朝职业大观

宫中那些事

刘邦做了皇帝之后，大分封刘姓诸侯王，这些王有自己的封地，享受着非常好的国家待遇。比如刘邦和戚夫人的儿子刘如意被封了赵王；刘邦的二哥刘喜、小弟刘交，也都被封了王。

这都是刘邦自己家里的人，他让他们跟着自己享受荣华富贵，觉得是天经地义的事情。这里要先说一下异姓王。

还有那些跟刘邦不是一家人，却“胜似一家人”的兄弟们。他们全是跟刘邦出生入死打天下的人，刘邦自然也没有忘了他们，先后封了多位异姓王。比如，刘邦的发小卢绾，被封了燕王；为了大汉江山立下汗马功劳的韩信被封为了楚王；还有长沙王吴芮、梁王彭越、淮南王英布等。这些人因为战功显赫，也都一起被封了王。

但是很快，刘邦就改主意了。他发现在这些异姓王里，其实有很多人是并不安于只做一个王的。

或许他们也想当皇帝呢？

这个念头把刘邦惊出了一身冷汗。所以一不做二不休，刘邦干脆找各种理由，把这些异姓王一个一个全都除掉了，然后赶紧补发了条政策：

非刘氏不得王。

从此之后，大汉王朝立在山顶上最高处的，就只剩下刘邦的子子孙孙了。

对于一些一心想攀龙附凤的人，最好就是生一个好女儿，再想方设法把她送到皇帝身边。从此以后，不管这家人以前是做什么的，他们都能一夜之间华丽转身，成为皇亲国戚，跻身贵族之列了。

所以，当年李夫人的哥哥李延年，花费了那么大的心思，在汉武帝面前唱了一曲“绝世而独立”的歌，为的也不过是把自己的亲妹妹引到皇帝的面前。

自从汉武帝一见李夫人那倾城倾国的容貌，李家人就算是过上好日子了。

可是翻翻李家人的简历，你就会发现，这家人的社会地位可真不怎么高：

父母兄弟皆故倡也。

什么是倡？

倡就相当于现在的艺人、明星。虽然现在很风光，可在汉代，这却是身份低下的职业。但是李家的女儿成了皇帝的枕边人，还那么争气地给皇帝生了个儿子。于是，她的两个哥哥，一个成了拿高工资的文艺官员，又有身份又有钱，另一个被封将军，显赫一时。

在汉朝，像这样凭借女子和皇室扯上关系的，可不止李家兄弟。赫赫有名的卫青卫大将军，如果不是凭着他姐姐卫子夫曼妙的舞姿博得了汉武帝的欢心，不知道他和他的外甥霍去病，还有没有机会在大汉朝浓墨重彩出现？

再比如霍光。其实霍光他们家在大汉朝本来就挺有地位了，他是霍去病同父异母的弟弟，汉武帝那么爱惜霍去病，能不对他们家人另眼相待吗？所以汉武帝把皇位传给汉昭帝的时候，霍光就已经是托孤大臣了。

到了汉宣帝的时候，霍光的功劳那就更是大了去了。

昭帝很年轻就死了，皇位由昌邑王刘贺继承，但这个刘贺实在是太荒淫无度了，当了皇帝没几天就被霍光废了。

接下来，该选谁来做皇帝呢？

霍光迎立流落在民间的刘病已（后改名刘询），也就是后来的汉宣帝。

这时的汉宣帝风华正茂，霍光回家跟他老婆一商量，与其总给老刘家打工，不如干脆做皇帝老丈人。于是就想把自己的女儿送进宫做皇后。

宫里佳丽众多，但最尊贵的只能是皇后。

可是在刘询心里，皇后早有人选，她是刘询流落民间时娶的许平君。所以在册立皇后的这个问题上，无论使了多少招儿，汉宣帝只有一句话，他的皇后只能是许平君。

这让霍光的老婆有点儿坐不住了，如果许平君一直稳坐皇后的位子，那自己的女儿还有什么出路呢？所以，她就在许皇后生孩子的时候买通了医生，偷偷地把许皇后害死了。之后不久，霍光的女儿成为皇后。在霍光死后，霍氏谋反被平定，霍后被废。

汉朝人的仕途

汉朝的官员是怎么选拔的?

有人说参加科举考试。电视上不都是这么演的吗?考个状元就能当官了。

可这条路在汉朝根本走不通，因为科举考试是隋朝以后才有的，汉朝人不知道科举是个啥玩意。

有一个叫魏勃的人，此人是标准的草根，家里特别穷。为了能让家人过上好日子，魏勃立志要去打拼，不混出个样，绝不回家见父老兄弟。

可上哪儿去找他的仕途之门呢?

有人给他出了一个主意，让他去找曹参。

曹参和刘邦是老乡。他当年跟着刘邦起义，刘邦夺下江山之后，让他辅佐自己的大儿子刘肥。

所以，曹参地位是极高的。

那一个一穷二白的魏勃，又凭什么能受到曹参的接见呢?

有句话说，办法总比困难多。魏勃没有钱给曹参送礼，但他有的是力气给曹家扫地。

在接下来的日子里，每个清晨，只见魏勃扛把扫帚，一声不响地把曹参家的大门口扫得干干净净。

这一扫就是好些天。

曹家看大门的人奇怪了，这是谁呀？每天这么义务做好事？便把这件事情告诉了曹参。曹参也纳闷，于是怀着十二分的好奇，接见了魏勃。

魏勃的机会就这么来了。在曹丞相的面前一番表现之后，曹参觉得，这个年轻人还是很不错的，于是就推荐他做齐的内史。之后，魏勃凭实力一路成长为一名将军。

这个励志故事里面有个关键的人物——曹参。凭曹参的推荐，魏勃就有可能进入官场？这故事听起来有点传奇，但你还别不服气，因为汉朝的选官制度就是这样的。

大汉朝选官用的是察举制与征辟制。

《赵氏孤儿》这故事大家都熟吧？

讲的是晋国赵氏被人陷害，满门抄斩，只有一个刚出生的婴儿，被一个叫程婴的义士给偷偷救了下来。这个婴儿名叫赵武，他的爸爸赵朔是晋国的卿大夫，往上推，他的爷爷赵盾也是晋国的卿大夫，再往上推，赵盾的爸爸赵衰，辅佐晋文公称霸。

所以，赵家被平反昭雪之后，赵武便顺利地也当上了晋国的大夫。

但这种世袭的制度有个问题，就是哪怕子孙再没本事，那人家也是要当官的。可平民老百姓呢？就是实力再强也无用。

这让出身寒微的刘邦心里特别不舒服。

刘邦从民间来，深知高手在民间的道理。所以一当上皇帝就立即招贤纳士：别管他以前是干什么的，也别管他爸爸、爷爷是干什么的，只要他有本事，就大胆地给我推荐上来吧！

二三子其佐我明扬仄陋，唯才是举，吾得而用之。

这是刘邦给他手下人下的死命令。

“二三子”，就是“你们这些人”；“佐我明扬仄陋”，就是把那些藏在民间的高手都帮我找来，把没啥水平的人都下放回家吧。

皇帝都发话了，你说像曹参这样的高级官员，能不可着劲地帮国家发掘人才、培养人才吗？

所以汉朝的察举与征辟的选官制度，核心的操作流程就是，发现人才、推荐人才，最后经由朝廷考核通过之后给予官职，使人才的才华全都用在为朝廷效力上。很多我们非常熟悉的汉朝人物，都是这样通过举荐走上仕途的。

假如一个人也不认识，找谁来推荐呢？

还有一种办法：花钱买！这种行为当然是非常有害的，都发生在一些特殊时期。对此，我们必须要明确。

当年汉武帝为了跟匈奴打仗，差不多都快要把国库给花空了，连给打了胜仗的将士发奖金的钱都没有。于是，就有人给汉武帝出主意，让大家花钱来买官吧。

汉武帝一听，好主意。立即昭告天下，明码标价：

级十七万，凡直三十余万金。

每一级爵位卖十七万钱，所有的官位加起来，能卖三十多万金。

果然，有个叫卜式的富商，原是靠放羊起的家。他听说朝廷因为抗击匈奴把钱都撂进战场了，就主动提出捐献一半的家产，后又花了二十万钱赈济穷人。

这事很是感动了汉武帝，就想封卜式个官来做。

卜式是放羊出身，又靠放羊发的家。于是，汉武帝就让他到自己的上林苑里管羊。后来因为羊养得好，为人又实在，便让他去给自己的儿子刘闳做老师，官居齐王太傅。

卜式是很有本事的，毕竟在汉朝，还是一个靠实力说话的时代。不然，就算是有了魏勃那样的一身好力气可以天天去扫地，可真给你个带兵打仗的机会，你敢上沙场吗？

大汉朝职业简析报告

有钱人也有说不出的痛

当年秦始皇的父亲子楚还在赵国做质子的时候，富商吕不韦积极扶持。那时，吕不韦曾跟他的父亲说，就算把家里所有的钱都投在子楚的身上，也是值得的，因为此人“奇货可居”，将来一定稳赚不赔！

果然，吕不韦在子楚的身上下了大本钱，连自己的女人都送了出去。可是他后来也回报颇丰，从一个商人摇身一变，成了秦国丞相。

不过，重农抑商政策下，这样的成功更多应归因于个人。

《汉书》中有句话：

以贫求富，农不如工，工不如商。

想要摆脱贫困，靠种地不如去做手艺人，做手艺人不如做商人。这话的意思再明白不过了——老老实实种地远不如经商能赚钱。

可土地才是命根子呀，如果人人都丢下土地跑去赚钱了，那大汉朝的根本不就丢了吗？

是以众人慕效，不耕而食至，乃多通侈靡，以淫耳目。

这话是东汉大哲学家桓谭说的，他这是在提醒皇帝，千万不要鼓励只知道向钱看，这样的社会风气很危险！

孝惠、高后时，为天下初定，复弛商贾之律，然市井之子孙亦不得仕宦为吏。

国家不允许商人做官，商人的社会地位从律法上一落千丈。

但这一点儿也不妨碍汉朝的商人们依然很有钱。

想知道汉朝的商人多有钱吗？现在，我们就来了解几位大汉朝富商的辉煌创业史。

第一位：任氏。

他曾是秦朝看管粮食的一个小官。当年义军杀进咸阳城的时候，有很多人趁乱都去抢夺金银珠宝，可唯独这位任氏镇定自若，他压根就没瞧上那些东西。

所以趁着大家都去抢夺金银珠宝的时候，他却在忙活着，把他看管的粮食偷偷地藏了起来。

接下来的日子里，刘邦跟项羽为了争夺天下，打了好几年的仗，老百姓因此没少遭殃，连地都荒了。

这下任氏发财的机会就来了！

因为地里没打下粮食，导致了粮价暴涨。任氏把他藏起来的粮食一卖，当初那些从官府里被抢走的金银珠宝，这会儿全都落进了他的口袋。

任氏因此暴富，家里的钱多得好几代人都花不完。

第二位：无盐氏。

景帝时期，爆发了汉朝历史上非常著名的七王之乱。

为了镇压叛军，景帝决定发动京城的王公贵族参与战争。他对这些王公贵族说："我一没有人，二没有钱，但这正是你们表现的好机会！"

这话的意思是说，仗得这些王公贵族们去打，打仗的经费还得从他们的账上出！

可这些王公贵族也没钱呀！他们的封地大都不在长安，很难一下子拿出那么多钱去打仗。

于是，无盐氏适时地出现了。

无盐氏对他们说："我可以借给你们钱，但我有个条件，你们借一千，利息十倍。"

所以，无盐氏后来成为关中首富。

尽管朝廷一而再，再而三地颁布各种法令来贬抑商人的社会地位：不许他们穿丝绸的衣服，不许他们出门乘高档的车子，不许他们买田，不许他们做官……可是，无论东汉西汉，从来就不乏商人做官的现象：

桑弘羊，富商家庭出身，做过汉武帝的大司农；

张长叔，洛阳富商，做过王莽的纳言士；

李通，家里世代经商，给刘秀做过前将军、大司空……

可有意思的是，商人依然让人看不起。

今法律贱商人，商人已富贵矣。尊农夫，农夫已贫贱矣。

商人被瞧不起，但商人个个都有钱；农民应该得到尊重，可农民却个个受穷。

这是汉景帝的老师晁错一直想不明白的事情。

有田百亩，依然受苦

事实上，大量的土地全都落到了有钱人的手里，而大部分靠土地活命的老百姓，能拥有的土地其实是很少的。

所以，董仲舒在经历了一番实地考察之后就曾说过：

富者田连阡陌，贫者无立锥之地。

当然，董仲舒在这里说穷人穷得连“立锥之地”都没有，显然是比喻的说法。他想说的是富人的土地多到一望无际，而穷人的土地却少得可怜。

究竟怎么个少法呢？

《史记》里有一个陈平娶妻的故事，说的是汉朝的丞相陈平从小死了爹妈，跟着他大哥大嫂生活在一起。陈平长得好，他大哥又疼他，从小就让他读书识字，从不让他干农活。所以长大以后的陈平，既帅又有文化，是个标准的美男子。

但，就是没有人愿意嫁给他，因为他们家实在是太穷了！

那时，他们县上一位张姓的老头儿有个孙女，命不好，嫁一回死一回丈夫，再嫁一回又死一回丈夫，连着嫁了五回，死了五回丈夫。

张老头一家愁坏了，这孙女还能嫁得出去吗？

巧了，张老头遇到了陈平！他突然就觉得眼前一亮，这小伙子不错，虽然清贫，但知书达礼，一看就是很有前途的样子。

于是张老头儿就悄悄地跟着陈平，一路跟他回了家。一看，老头傻眼了，这家真是太穷了，穷得连个门都安不起，只拿张破席子遮挡在大门处。可是跟旁人一打听，都说这小伙子有见识，交往的也都是些文化名人。

张老头一听，满意了！他回家去就跟儿子商量说，想把孙女嫁给陈平。

他儿子一听，一个劲儿地摆手说：“不行不行，那人我知道，穷得都在县上挂了名了！”

好了，故事讲到这里，结尾不重要了。重要的就是这个陈平，穷得连死了五个丈夫的寡妇都不肯嫁给他。那他家里到底能有多少地呢？

陈丞相平者，阳武户牖乡人也。少时家贫，好读书，有田三十亩，独与兄伯居。

司马迁记在《史记》说，陈平他们家“有田三十亩”！

刚看到这个数字的时候，我特别兴奋。三十亩地，大户人家呀。

可陈平他们家三十亩地，咋还穷得连媳妇都娶不上呢？

因为陈平他们家这三十亩地，可是两千多年以前的三十亩地。那个时候的生产条件哪能和现在比，亩产量就更别提了！

百亩之收，不过百石。

晁错在他的《论贵粟疏》里说，一户农民一年辛辛苦苦耕种一百亩地，打下的粮食也不过一百石。

没有播种机，没有除草剂，也没有联合收割机，全凭一锄头一锄头在地里劳作，那辛苦的程度，绝对不是今天的人们可以想象的！

但，他们至少还有地可种！

至于那些连土地都没有的人，想要口吃的，就只能租别人的地了。他们也是辛辛苦苦一整年，可打下的粮食一多半都是要用来交租的，自己只留很少的一部分，那日子就更是苦得没法说了。

在汉朝去做门客，不知道是福还是祸

孟尝君大家都熟悉，上中学的时候我们都学过鸡鸣狗盗的故事，讲的是孟尝君当初被秦昭王扣押在秦国的时候，他有两个门客，一个像狗一样地钻进了秦王的宫殿，偷出狐狸皮大衣送给了秦昭王的爱妾；一个学着鸡叫骗秦国守关的士兵打开了关门。

接受了狐狸皮大衣的女人给秦昭王吹了一夜的枕边风后，秦昭王同意把孟尝君给放了；听见了孟尝君的门客学鸡叫的声音，守关的士兵以为已经到了时间，就把孟尝君放出关了。

这故事让我茅塞顿开。

门客！这也是一种职业啊。

要做名门客，至少得身怀绝技，学有所长，关键的时候能为主人挺身而出。

豫让，为了给其主报仇，他把自己的脸毁了容，用木炭把嗓子烧哑了，为的就是不让仇家认出自己来。虽然后来仇没有报成，但英雄的大名却流传了几千年。

毛遂，主动请缨，陪平原君出使楚国，完成了一项非常出色的外交任务，还给我们留下了“毛遂自荐”和“脱颖而出”的成语故事。

豫让、毛遂，他们的职业都是门客。平时主人好吃好喝地养着他们，也没有具体的工作。可一旦遇到什么事需要发挥他们个人特长的时候，就是这些门客一显身手的好时候了！

那么，在汉朝做门客的主要工作内容是什么呢？

这就要看主人需要你干什么，你自己又能干什么了。

刘安当年养了一千多门客，那是因为刘安想编书。所以在他养的这些门客里，有一大半都是知识分子。

汉昭帝时期，有个叫樊福的官员，得罪了一大批权贵，其中有一个叫丁外人的，他是汉昭帝姐姐鄂邑长公主的情人，仗着长公主的势力横行霸道，属于樊福重点打击的对象之一。

可你觉得这个丁外人会坐以待毙吗？

当然不会。

怨故京兆尹樊福，使客射杀之。

丁外人悄悄地派他的门客暗杀了樊福。

大概就是因为很多人养的门客，都是像丁外人家里的门客一样，他们经常去干一些违法乱纪的事情，所以到了东汉，“客”就再也不是一个体面的职业了。光武帝刘秀甚至还下过一道命令，把一些权贵之家养的门客全部杀掉，以警戒这些养了客为非作歹的人。

如此一来，“客”这个职业，就再也没有从前的风光了。

东汉的大将军马援，年轻的时候做过督邮。有一回，他押解一个犯人要到司命府去，路上俩人没事就聊闲天，结果越聊越投机，聊到最后，聊成哥们儿了！

马援一想，我怎么能把我哥们儿送到官府里去受罪呢？所以干脆把这人就放了。

但这是典型的知法犯法啊，回去肯定没他好果子吃，于是马援就此跑路了。他来到了北方，在这里发展畜牧业，居然发大财了！

如同所有有钱的人一样，他也开始养门客。

后来，马援辗转归汉。

马援发现三辅地区真是个好地方，地旷土肥，特别适合种庄稼。于是就大着胆子向皇帝在上林苑里要了一块地。

援以三辅地旷土沃，而所将宾客猥多，乃上书求屯田上林苑中，帝许之。

马援朝皇帝要了地来种的原因，一个是他看地确实好，还有一个原因，就是他觉得他养的那些门客闲着也是闲着，不如让他们来种地吧！

门客得通过劳动来养活自己，有的时候在主人家里就跟个长工似的。有个叫李衡的人，他们家里也养客，李衡让这些客给他在山上种了一千多株橘子树，每年都能赚不少的钱。

当刘备被吕布打得妻离子散、溃不成军的时候，一个大财主来了。此人就是刘备后来的大舅哥糜竺。

糜竺有钱，他来见刘备，自然少不了要带份厚礼：

竺于是进妹于先主为夫人，奴客二千，金银货币以助军资。

在糜竺带来的礼物里，最亮眼的肯定是钱——糜竺带来了金银货币；当然也少不了女人——糜竺献给刘备的，那可是自己的亲妹妹；除此以外，糜竺带来的还有奴客二千。

唯有读书才是硬道理

汉朝统治者觉得商人重利，如果鼓励商业，就会让人们一心只向钱看而忽略了农业根本。所以统治者拼命地打压商人的社会地位，不让商人出门坐好车，不允许商人穿高档的衣服，更不许商人当官从政。

可奇怪的是，在汉朝当个工匠一样比务农赚钱，而且汉朝统治者们也从来没有轻视过手工业。这大概是因为工匠工作本身也是一种生产劳动，他们采铜、冶铁、炼盐、纺织、做油漆，把小日子过得有滋有味的。只要兴趣来了，还能去大汉朝的最高学府里去镀个金，变成个读书人。

申屠蟠就是这样成功转型的。

申屠蟠是东汉人，他的爸爸在他九岁的时候突然去世了，所以他从小家里特别穷，为了补贴家用，申屠蟠很小的年纪就出外打工赚钱了。

他的第一份工作是做油漆工，是一个标准的手艺人。

但他从来没有因为工作压力而放弃过自身的修养和学习，一有空就多读书、勤思考，终于成为德才兼备的好青年。

汉朝的选官制度是很有特色的，只要是你的好名声传出去了，官运也就该来了。

申屠蟠也是一样。

这个在平凡岗位上硬是把自己修炼得品学兼优的好青年，很快就在当地小有名气。据说，当时给申屠蟠的任命书挂在他们家门口的树上，多得数都数不过来，可是申屠蟠一个也不愿意看。

难道申屠蟠想做一辈子的油漆工吗？

当然不是，他是一个有理想的好青年，但他的理想并不是当官。对于申屠蟠来说，他最大的希望，就是能进太学里去读书。

后来，他的这个理想果然就实现了，申屠蟠真的进了太学。

由此可见，在汉朝，无论是求学还是当官，都不会因为你曾经是个工匠而受限，就拿申屠蟠说，只要他愿意，做官求学随他挑，没有人会给他阻力。这大概就是汉朝手工业者的幸运。他们不必像农民那样动不动就得饿肚子，也不必像商人那样处处受到政策的打压。他们只要有手艺，就能走遍天下都不怕。

像手工业者这样有了手艺就能走遍天下的职业，在大汉朝其实还有很多。比如说医生，医生在汉朝也是门很吃香的职业。

做方士也不错，这个职业做得好了，很有可能成为皇帝身边的红人。当年汉武帝的身边，就有四位特别能忽悠的方士，李少君、李少翁、栾大和公孙卿。他们一会儿哄着汉武帝说可以长生不老，一会儿哄着汉武帝说可以当神仙，虽说都是些不靠谱的把戏，但确实也把汉武帝哄得团团转。

和哄人的方士比起来，实实在在的是屠夫，只要狠、准、稳，在街上开个肉铺也能讨生活。

像我这样没有技艺的人在汉朝该怎样谋生呢？

我依然从申屠蟠的故事里，看到了自己的职业希望。那就是这个故事教给我们的另外一点：无论你现在是干什么的，只要你愿意读书，就一定能够成功！

在汉朝，通过学识而走入仕途的大有人在。随便举个例子，卓文君的如意郎君司马相如，他是凭什么走上官场的呢？

因为有人在皇帝面前夸他了，说他的文章写得好。

还有公孙弘，曾经就是个养猪的。可后来怎么就做了丞相呢？

因为他爱读书，学了一肚子的《春秋》杂说。有一次在皇帝举办的答辩会上，公孙弘把他的才学发挥到淋漓，一举夺魁，从此一路高升。

还有那个被老婆抛弃了的朱买臣，别人都想着怎么去赚钱了，他每天只知道捧本书在家里之乎者也。他的老婆实在受不了，终于跟他分道扬镳了。但人家说，怀才就像是怀孕，早晚有一天会显露出来。这话真是一点儿都没有错。当朱买臣终于有机会进京面见皇帝的时候，他那一肚子的学问，一下子就把汉武帝深深地吸引了！

朱买臣从此翻身。

他的老婆呢？大概肠子都要悔青了，从此怕是再也不敢轻看读书人！

所以在汉朝，但凡是有点儿条件的家庭，他们都会想方设法地让孩子去读书。

但也并不是说所有的读书人最后都会走上仕途。这就跟千军万马过独木桥一样，有的人成功了，从此光宗耀祖，改换门庭。但也有人可能读了一辈子的书，最后还是个穷书生。

因为汉朝是个特别尊重知识的时代，所以读书人就会成为这个时代最受尊敬的阶层，无论能不能当官，他们都有个统一的名字，叫作“士”。

如果说把土地看作是一个时代的根本，那么读书就应该是这个时代向前发展的硬道理。汉朝人是真正懂得这个道理的，所以他们给予读书人的社会地位非常高。但他们同时也热爱土地，重视劳动，觉得一边读书一边种地是件十分光荣的事情。诸葛亮就说他自己曾经是“躬耕于南阳”；大学问家郑玄年轻的时候也在家务过农；还有我们前面提到的“陈蕃悬榻”里的男一号徐稺，不也是个种庄稼的读书人吗？

徐稺，字孺子，豫章南昌人也。家贫，常自耕稼，非其力不食。恭俭义让，所居服其德。

徐稺非官，非贵，就是一个靠种地为生的读书人。

但陈蕃却独独愿意和他交朋友，还在自己的书房里给徐稺设了一张榻。徐稺来了，陈蕃就把这张榻摆开，和徐稺促膝而谈。徐稺一走，他马上就把这张榻收起来。因为这是徐稺的专座，别人的屁股沾不得！

可见陈蕃这位地方官对徐稺看得有多高了！

所以，在汉朝，贫富不能决定一个人的社会地位，最穷的书生和最穷的农夫，都远比会赚钱的手艺人更受人尊重。至于说富商么，别看他有钱，反倒成为士、农、工、商四类人群里，排在老末的一个了！

奴家的戏剧人生

汉朝有位赫赫有名的大将军叫卫青，这个名字大家都熟悉，他为汉武帝攻打匈奴立下了无数的战功，是大汉朝曾经显赫一时的人物。

不过今天，我们不聊卫青的战功，我今天想聊的是卫青的八卦，比如他的身世。

卫青的爸爸以前曾在汉武帝的姐夫曹寿家做事，曹寿是汉初丞相曹参的后人，世袭平阳侯，属于真正的贵族。

那个时候，卫青的爸爸还年轻，他爱上了曹家的一个下人，生下来的那孩子就是卫青。

所以卫青是个私生子，而且还是一个下人生下的私生子。可是偏偏有个相面的见了卫青之后却兴奋得不得了，非说卫青将来是个贵人，要被封侯的。

卫青听了很无奈，淡淡地一笑，只说了一句话：

人奴之生，得毋笞骂即足矣，安得封侯事乎？

卫青说，人奴生的孩子，能不挨打受骂就已经是万幸的事情了，还谈什么封不封侯的?

这话说得很悲凉。

对于他们来说，挨打受骂那就是家常便饭。这些奴仆没有人身自由，属于主人的私有财产，像商品和货物一样可以随意转送和买卖。就连市场上，卖牲畜的和卖奴婢的都是并列在一起，一边叫卖牛羊猪狗，一边叫卖奴婢。所以在主人的眼里，奴仆连人都不是，又凭什么敢去想未来的富贵呢?

但是在大汉朝，从奴隶到将军的故事却是屡见不鲜的。

就好像卫青。

虽然就连他自己都不敢相信，身为人奴的他有朝一日会大富大贵，但命运真的就是这样安排的。大汉朝的可爱之处，就在不管你是奴是仆，只要你有本事，你就有可能成为你想成为的人。

在这里，我就不得不提到一位在汉朝历史上非常有名的人，他的名字叫作金日（mì）磾（dī）。

金日磾是个匈奴人，但后来却成了西汉时期非常著名的政治家，是汉武帝临死以前为儿子汉昭帝亲自挑选的辅政大臣。

为什么一个匈奴人，却能在汉朝担任这么大的官呢？他又是怎么从匈奴跑到长安来的呢?

没有别的路径，只有战争。汉武帝跟匈奴打仗，匈奴打输了归降，一些人成了汉朝的官奴，金日磾也不例外。虽然他的爸爸是个王爷，他自己在匈奴也是个太子。

但金日磾有才华，就连在汉朝做马奴，都能把马养得膘肥体壮，很快就引起了汉武帝的重视。汉武帝一见，这小子长得身材魁梧、容貌威严，一看就是个人才！再一聊天，他还挺有学问的！

这让汉武帝有种如获至宝的感觉，马上就给金日磾全家发放了一条奴婢解放令，给金日磾在朝廷里安排了份差事。从此，金日磾开始一路高升，最终成长为一名非常重要的政治家。

像卫青和金日磾这样翻身的，在大汉朝还有。有才华的可以依靠才华，没有才华的，有钱也可以：

奴婢欲自赎，钱千万，免为庶人。

庶人，就是普通人。对于人奴来说，这是一个需要用一千万钱来换取的身份。这显然是个天价，哪个人奴能赚这么多的钱？但也别灰心，官府偶尔就会善心大发，还人奴自由之身。前面我们不是也说过，皇帝觉得边塞空虚，就会鼓励去充塞，交换的条件就是让他们成为普通人，从此获得自由。

那么问题来了，如果人奴不断地被解放，是不是人奴这个社会群体很快就会在汉朝消失不见了？

放心，不断地有人被解放，也会不断地有人沦为人奴的。甚至有很多人，今天还是高高在上的贵族，明天就从天堂坠入地狱，成了任人践踏的人奴。

在大汉朝有条这样的律法：

罪人妻子没为奴婢，黥（qíng）面。

一个人如果犯了特别重的罪，除了他自己要接受律法的制裁以外，他的老婆孩子，甚至是兄弟姐妹，都要被贬为奴，并且给脸上刺上耻辱的标记，一辈子都别想抹掉。关于这事，大汉历史上最惨痛的一笔，是在七王之乱以后，那些造反的刘姓王侯被杀了头，而他们的家人呢？

一夜之间全都沦为人奴！

这大概应该算得上是大汉历史上因罪成奴最壮观的一次，但最感人的，却要数一个叫缇萦的女孩子。

缇萦本来也是个千金娇小姐，可是，她的爸爸犯罪了。就在官府来捉拿缇萦爸爸的那天，缇萦的爸爸望着哭哭啼啼的几个女儿仰天长叹："生这么多女儿能有什么用，关键的时候只会哭，要是有个儿子就好了。”

缇萦一听这话，心里不服气了，谁说女儿就不中用呢？

于是一路跟着爸爸就来到了长安，给皇帝上了一道奏折说：“我知道我爸爸犯了法，应该受到律法制裁的。可是我爸爸年纪大了，家里还有我的妈妈跟我的姊妹们，她们不能没有他。所以我愿意替我的爸爸接受惩罚。从今天起，自愿去当奴婢，但请放了我爸爸。”

妾愿没入身为官婢，以赎父刑罪，使得自新。

千金娇小姐与奴婢的身份互转，也只在一念之间！

读完了这些故事，我突然就发现，那些如今还飞在枝头的凤凰，千万不要嘲笑家鸡的弱小了。因为谁也不能保证自己说不定会在哪一天，突然就从枝头掉下来了。

那么还有谁敢说，自己的人生是注定不会被改变的呢？

第三章　汉朝其实很文艺

是人才，从不问出处

汉武帝时期有一个叫董仲舒的人，也就是提出“罢黜百家，独尊儒术”的那位，他曾经给汉武帝提出过一条建议，原话是这么说的：

夫不素养士而欲求贤，譬犹不琢玉而求其文采也。

这话的意思是说，如果平时不注重人才的培养，就跟你拿了一块璞玉却不用心雕琢一样。玉不雕琢，哪来那么好看的花纹呢？如果平时不重视人才的培养，关键的时候，又该上哪里去找那么多的栋梁之材呢？

这时候的董仲舒，其实已经充分地意识到，一个国家兴办教育对于未来的重要性了，所以他建议汉武帝出资办学校，由国家亲自培养人才。可惜，汉武帝当时并没有听进去，于是这事也就放下不提了。

直到十多年后，又有个叫公孙弘的人把这事提起来了，但他比董仲舒会做思想工作，说起国家办学的道理来，可真是一套一套的。他给汉武帝举例子，说古时候，从夏、商、周时期开始，国家就已经兴办学校教化民众了。难道说，你还比不上古代的君王吗？

汉武帝一听，就想：“是啊，难道我还不如古代的君王么？”

于是回了公孙弘一个字：“可。”

正如公孙弘所说的那样，国家办学，汉朝绝不是首创。它也应该有它自己的名字，于是就有了“太学”。这名字一直被沿用了到后面的朝代。

无论是汉武帝，还是公孙弘，他们当时办这个太学，就是找了几个有学问的人带上几十个年轻人，教教他们治理国家、服务百姓的道理和经验。

这个有学问的人，叫作博士，他带的那些年轻人，叫作博士弟子，当时还不过五十人左右。

可是后来不一样了，热爱学习乐于向上的年轻人越来越多了。国家也发现，这些由他们一手调教出来的人才，比从基层提拔上来的用着好像更顺手。于是，博士弟子的数量越来越多，太学的规模也就越来越大了：汉昭帝时，增加到一百人；汉宣帝时，增加到几百人；汉元帝时，人数已过千人；到了后来的王莽时期，太学里的学生一度过万，那可是相当大的规模了。所以现在问题就来了，这么多的博士弟子，他们都是怎么进入这所汉朝最高学府的呢？

汉朝的太学，是面向所有人招生的：

> 以郡国选诣为博士，受业孔安国。贫无资用，尝为弟子都养。

这段话说的是汉朝一个叫倪宽的人，他当时跟着一个叫孔安国的博士做太学弟子，可是倪宽他们家里太穷了，他去上学连基本的生活费都没有。

大家伙一商量，不能因为家贫，就让他辍学回家吧。于是就让倪宽在上课之余给其他学生做饭，兼着再做些其他的校务工作，这样就把倪宽的学杂费抵消了。

在汉朝，像倪宽这样的穷学生绝不是个例，比如西汉的翟方进，史书上在讲到他的求学经历时，是这样说的：

母怜其幼，随之长安，织屦以给方进。

翟方进要到长安读太学，他的妈妈觉得他年纪小，就来长安陪读。可娘俩在京城靠什么生活呢？

靠翟妈妈做鞋子一边维持家用，一边供养翟方进上学。

所以翟方进就是个标准的打工人子弟，但他依然能进太学去读书。

再举个例子，此人名叫王章，西汉人。跟翟方进不同，王章来长安读太学，带着的是他的老婆。但小夫妻的日子过得实在是太艰苦了，有一次，王章生病了，发高烧，身上觉得特别冷，可家里却连一床棉被都没有。

可即便是王章这么穷，但他同样进了太学去读书。

无论王章、翟方进还是倪宽，他们都是普通人家的孩子，既没有钱也没有权，但他们都在太学里读书。

这说明什么问题呢？

至少说明了只要你是可塑之才，即使你们家里没有人当官，还穷得叮当响，你也有机会到全国最高等的学府里去读书。

所以现在肯定有人要问了，这些人这么穷，又没有啥门路，他们是怎么进得了那么高的学府呢？

答案是，汉朝的学生如果想进太学里读书，可凭当地政府的推荐！

汉朝太学招生有两个重要的渠道，一个是朝廷择优，而另外一条渠道就是地方推荐。

好文学，敬长上，肃政教，顺乡里，出入不悖所闻。

只要你热爱学习，尊敬长辈，心存远大理想，在家乡的名声好，并且没有不良记录，总之一句话，是一个品学兼优的好青年，那么恭喜了，你就有可能被推荐进入太学！

除了太学外，各郡县也有各郡县办的学校，乡里也有乡里的学校，最不济，还有很多私人办学，教出来的人才也是很厉害的。

汉景帝的老师晁错就是个例子：

学申商刑名于轵张恢生所，与洛阳宋孟及刘带同师。

史书上说，晁错年轻的时候，曾经在轵县跟着一个叫张恢的人学习申商之法。申，指的是申不害；商，指的是商鞅。这两位都是了不起的政治家，他们的治国方略颇有独到之处。晁错学得那么好，以至于长大以后，竟然做起了皇帝的老师。

笔墨纸砚，大汉传奇

顶在头上的毛笔

唐代大文学家韩愈写过一篇特别有名的文章叫《毛颖传》，在这篇文章里，他讲了一段很有趣的寓言故事。其中有一段说的是，蒙恬将军在南方讨伐楚国，有人给他占了一卦，说他这次来楚会得到一种小动物，这玩意头上没有角，牙齿也不算太尖利，嘴巴好像还有个小缺口。但蒙恬要把这小东西带回去，取它身上的毛，就可以做成写字的工具。如果以后秦都用这种工具来写书册的话，准保将来可以成功。

于是，蒙恬将军就带着人马去打猎，果然抓住了一种毛茸茸的，头上没有角，牙齿也不算太尖利，嘴巴上还有缺口的小东西。他把这小东西带回去献给了秦始皇，秦始皇也很高兴，就把一个叫作管城的地方封给了这个小东西。从此这小东西也有了它自己的名字，叫作“管城子”。

可“管城子”先生不能白吃白喝，它总得做些事情吧。于是秦始皇就让

“管城子”先生负责管理朝廷里各种有关书写的工作。

我讲到这里，不知道你听明白了没有，韩愈这篇寓言里的“管城子”指的是什么呢？

没错，是毛笔。他说的那个毛茸茸的，头上没有长角，嘴上还有个缺口的小东西，当然就是兔子了。传说蒙恬将军用兔子毛制作了写字的工具，从此读书人才有了好用的毛笔。

但韩愈的这篇文章毕竟只是个寓言故事，当不了真的。至少，笔产生的时代就比蒙恬的时期早了很多很多年。我们现在去博物馆里参观新石器时代的陶器，会看见一些远古时代的彩陶上已经有了笔绘的线条和图案。

可为什么韩愈的这篇寓言却说是蒙恬将军发明了毛笔呢？

那是因为，蒙恬将军和毛笔之间确实是有一些联系的：

以枯木为管，鹿毛为柱，羊毛为被，所谓苍毫，非兔毫竹管也。

在蒙恬将军以前，笔是一定出现了的，不然他在外打仗，拿什么给秦始皇写战报呢？但是当时的笔一定太不好用，以至于这位征战沙场的将军，都不得不对它进行了改良。

但蒙恬将军的改良毛笔，用的并不是韩愈文章里说的兔子毛，他用的其实是鹿毛，外面再包裹上柔软的羊毛，这才是在蒙恬将军改良之后的毛笔。

而真正用兔子毛制作精品毛笔的是聪明的汉朝人，他们制作出来的笔是一种笔头呈黑紫色毛柱的兔毛笔。

这其实是一种野兔。每年的秋冬季，这种野兔的背部，会长出一撮紫色的毛，这撮毛有一个特别好听的名字，叫作“紫霜毫”，不多，小小的一撮，但制作出的毛笔，却非常好用，堪称汉朝人的“笔中极品”。

讲到汉朝人的毛笔，我突然就想到一个问题，大家知道汉朝的读书人是怎么随身携带他们的这杆毛笔的吗？

关于这个问题，我也是读《汉书》的时候才找到答案的。《汉书·赵充国传》里有这样一句话：

安世本持橐簪笔，事孝武帝数十年见谓忠谨。

这话的意思是说，张安世本是个读书人出身，一直在汉武帝身边本本分分地做事情。其中的“持橐簪笔”，就是用来说明他读书人身份的。

持橐好理解，就是整天背个书袋子的形象。

可什么是簪笔呢？我一开始还真是没想明白。直到后来我看到一些汉墓里出土的毛笔，它们的笔稍和我们现在用的毛笔的笔稍不一样。现在的毛笔笔稍是圆圆的，上面系个绳，可以挂在笔架上。

但汉朝人的毛笔，笔稍却是尖尖的，我把这笔稍尖尖的毛笔琢磨了半天，后来突然就想明白了一件事。

20世纪七八十年代，我爸出门的时候，总是喜欢在他中山装的上衣口袋上插一支钢笔，据说这在当时是有文化的象征。

后来我长大了，参加了工作，身上也喜欢带一支笔，但我喜欢把笔别在笔记本里。

可是汉朝人没有中山装，他们的毛笔也不可能别进笔记本里。所以，他们就只能把笔簪在头上了。

这就是中国历史上特别有名的“簪笔之事”。那些汉朝的官员们去上班，他们就把笔簪在头上，什么时候用，就什么时候取下来。这也正是《汉书》里说的那位张安世在汉武帝的身边“持橐簪笔数十年”的形象。

当粉“墨”遇到了石砚

提起墨，我总是会想起“红袖添香”这个词来。

一个年轻儒雅的书生正伏在书案上写字，旁边，站着一个特别好看的姑娘在默默地给他研墨。姑娘身上淡淡的清香仿佛都融进了墨香里，那书生写出来的每一个字也就因此而生了香。

这画面既浪漫又美好，只可惜现代人几乎是不可能拥有了。

书法爱好者喜欢写几个毛笔字，那也根本用不着姑娘站在旁边研墨了，因为现在的墨水都是现成的，买来倒进墨盒里直接就可以用了。

墨锭，固体的、方方的一块，需要用水化开才能写字。所以你现在一定会以为，汉朝的读书人都用这种固体的墨锭吧。

那你可就猜错了!

墨锭这种文化产品在汉朝可是个稀罕物，并不是说谁想用就能用得起的。我知道当时有一个“隃麋”品牌的墨锭，就像奢侈品一样被上流社会追捧。隃麋是个地名，在今天陕西省的千阳县一带，汉朝的时候，这里的制墨工艺十分有名，制出的墨锭专供朝中官员办公用，普通人可用不起。

曹植有句诗说：

墨出青松烟，笔出狡兔翰。

汉朝人把松木燃烧之后凝结成的炭黑制作成墨，但如果要进一步再加工成墨锭，需要一种十分成熟的和胶技术，工序特别繁复，导致墨锭的价格特别贵。别说是汉朝，即使是到了宋朝，墨锭依然很值钱。

在陆游的《老学庵笔记》里，记载了苏东坡临终前的一件事。他说那个时候的苏东坡已经穷困潦倒，手里除了三块墨锭什么都没有了。后来苏东坡病逝，他的儿子要给他办后事，因为没有钱，就把这三块墨锭卖掉，换了钱给苏东坡办了后事。

可见即使在宋朝，一块上好的墨锭还真是挺值钱的，更别说是汉朝了。对于像倪宽、王章那样学费都不知道从哪儿来的人，他们根本用不起墨碇，所以他们只能用墨粉。

墨粉是还没有被做成墨锭的细小颗粒，成本低，价格便宜，对于汉朝大多数的读书人来说，都是非常不错的选择。墨粉和了水溶解后，照样也可以变成墨汁。所以，汉朝书生的文具袋里，就多了一个叫作“研”的文具。注意我说的是“研”，而不是“砚台”的“砚”。“研”的全名叫作“研杵”，样子很像北方人砸蒜用的蒜敲子。

有了研杵，就可以把墨粉像敲蒜泥一样碾得细碎，然后再和水化成墨汁。所以，它还需要一个像蒜臼一样的东西来盛放墨粉。

于是砚台就出现了。

汉朝读书人最早使用的砚台特别简单，有的干脆就是块光滑的石头，后来慢慢才有人想起来给它挖一个凹陷的砚池。再到后来，汉朝的砚越制作越精致，样子也越来越好看。在江苏邗江一座汉墓里出土了一方砚台，前方后圆，被设计成马蹄的形状，而且前后分开，中间有一小孔，用羊首形状的木塞子堵着。把研好的墨保存在前端的墨汁仓里，需要用的时候拔下这只木塞子，墨汁就会流入后端，用多少取多少，这设计感，真是比我现在用的砚台还先进呢。

汉朝人的“微信”

在讲这篇内容以前，我想感谢那些被我们提到了无数次的汉简。前面我们说过，汉朝人很少用到纸，他们写书、记账、写信、发通告，用的都是简，这种简，通常不是竹片就是木片。

所以我经常想，幸亏他们那个时候没有用纸，否则那些珍贵的资料，真不知道能不能保存两千年，我们才可以了解到汉朝人生活里的那么多小秘密。

不过这篇内容，我并不想多讲简，我想讲一讲汉朝人的“牍”。

但说起这个“牍”字，又好像不得不提到“简”，它们就好像孪生兄弟，大家总是把它们两个相提并论。比如查汉语词典，你就能找到“简牍”这个词，好像“简”和“牍”根本就是一回事似的。

这话原本也没错，要说简和牍是一回事，它们还真的就是一回事。

在纸张还没有十分普及的汉朝，人们要写东西，只能去找竹子和木头，把它们裁成大小统一的薄片用来写书文字。

这些薄片你可以叫它简，也可以叫它牍，都不会有什么大的毛病。

可一旦被写上了文字，简和牍就是完全不同的两回事了。

什么是简呢?

简可以写好多的内容，一条竹木片不够用，就写好多条，然后用绳子编起来，像我们前面提到的很多汉简都是这样的。

但牍不一样了。

用“一板书尽”四个字来形容汉朝人的牍真是再合适不过了。它不需要打孔，不用连编起来，只一条竹木片就把要说的内容写完了。所以牍在老百姓的日常生活中，好像比简用得更多一些。

比如说名片。你可千万不要以为“名片”是个现代产物，其实汉朝人早就有名片了，只不过，它们的名片是写在牍上的：

豫章吴应再拜，问起居。

这是当时名片的一种书写格式，说的是在豫章有一个叫吴应的人去别人家里拜访的时候，他要在一片牍上先写下他的名字，然后再写上给对方的问候语，到了人家门口的时候，递给门口传话的人。

这就是汉朝人写在牍上的名片，他们把它叫作“刺”。

但我最喜欢的，其实是汉朝人的信。

他们的信，也是写在牍上的。小小的一根竹木条，不过尺把长。所以后来的中国文学史上，就有了一种文体叫“尺牍”，指的就是文人间的书信。虽然唐宋以后的人都不用牍写信了，但“尺牍”的文体却依然很流行。清朝的袁枚有一本《小苍山房尺牍》，在中国文学史上特别有名，里面收集的都是他和朋友们之间的书信，但他那个时候的尺牍虽然还叫这个名字，内容却已经长得非一尺之牍能写得下了。

可汉朝人的书信，绝对言简意赅，尺把长的一片牍上短短一行字就够了。要说起来，这才是真正的“微信”：

奉谨以琅玕一，致问春君，幸毋相忘。

这是汉朝的一个女孩子写给她心上人的信，她的心上人在遥远的边防守边，很久没有回家了。她托人给他写了这封信，随信还捎去了一枚玉佩。所以她在信里说：“亲爱的，我把这枚玉佩送给你，它代表着我对你的一片思念之心，愿你能够珍惜它，就像珍惜我们之间的爱情一样，你可千万不要忘了我呀！”

瞧，我把它翻译成大白话，好像一下子就没有什么味道了，还是人家汉朝姑娘原汁原味的信称得上纸短情长，且让人回味无穷呢。

所以你现在一定很担心，这么甜蜜蜜的悄悄话，写在一片牍上，又没个信封，那不是要被天下人都看到了吗？多不好意思啊！

其实这担心真是多余了，谁说人家汉朝人的信就没有信封呢？他们的信封可比你想象的还要严实得多呢。

汉朝人的信封叫作“检”。其实也是一个木条，盖在写了信的那张牍上，用绳子紧紧地捆牢了，然后在绳子打结的地方押上封泥。普通信押一处封泥，重要的信押两处，甚至押三处、四处封泥的都有。如果有人想要打开来偷看这封信的内容，就必须要去掉封泥，那可就露出马脚了。

从简牍到纸张，我们走了多远的路

几年以前，有一家平台，让我给他们写一些关于陕西非遗的文章，为了采稿子，那段时间我去了关中的许多地方，也认识了许多的老手艺人。其中有一位，是长安北张村的马松胜老人。

马老汉是如今长安城里为数不多的古法造纸的传承人。

先说说什么是古法造纸。

古法造纸和现代的造纸工艺不同，它是将植物的纤维漂洗出浆以后，再通过蒸煮、挤压、晾晒等许多道工艺制作成的麻纸。这种纸从表面上看没有现代工艺造出来的纸光滑，但历史却久远得多。

1957 年，在我老家，西安的灞桥要盖一座砖瓦厂，工人施工时发现了一座汉代的墓，在这座汉墓里人们找到了一些粘在一块破布上的纸，这就是后来举世闻名的灞桥纸。

考古专家们对灞桥纸进行了年代分析，居然是汉武帝时期的！

那既然汉武帝时期都有了这种古纸，为什么人们还要用简牍来写字呢？

因为那个时候的纸，还仅仅只是把植物的纤维漂洗晒干之后制作的一种非常粗糙的纸张，根本不能用于书写，可能墨刚点上去，纸就化了。

而真正让纸变得光滑、可以书写保存的，是蔡伦的纸张改良技术。

关于蔡伦，我们上学的时候读历史课本，老师就教给我们说，中国的造纸术就是他发明的。

其实，蔡伦并不是发明了造纸，他是东汉人，我们刚说过，在他之前，纸张其实已经出现了，只是很粗糙，不好用。

因此蔡伦做到的不过是把造纸技术改良了，但即便如此，他也已经相当了不起了。

因为蔡伦不是科学家，他其实是个宦官，但他又是个非常厉害的宦官，侍奉过五位年幼的皇帝和两位年轻的皇后。

其中的一位，就是东汉特别有名的邓绥太后。

邓绥的老公是汉和帝，说实话，名声还没有邓绥大。大概正是因为他死得早吧，所以，邓绥才有机会执掌东汉的天下十几年，是位很有政治手腕的人物。

但，她又极爱文学，除了料理朝政，平时还喜欢舞文弄墨，吟诗作画。也就是说，除了太后，邓绥还有个身份是文艺女青年。所以，对于各地进供的什么奢侈品，她基本看都不会多看一眼，唯独对笔墨纸砚感兴趣。

可那个时候的纸，不管是谁送来的，质量都不怎么样！

蔡伦，一个多有眼力的人啊，一看太后这么文艺，立即就着手改进纸张工艺了。

有一本书叫作《大汉舆服志》，是三国时期一个魏国人写的。其中提到在东汉时期的京都洛阳流行一种蔡侯纸，因为质量好，所以特别抢手。

这种蔡侯纸就是经蔡伦改良后的纸。其中有一种是用破麻旧布和破旧的渔网做成光洁平滑的麻纸，还有一种是用楮树皮制作成的楮皮纸，把树皮漂洗成纸浆，然后通过发酵、舂捣、蒸煮、晾晒等好多个工序，光滑厚实的蔡侯纸就诞生了。

我那几年去长安的北张村，见到的张老汉的古法造纸，制作出来的就是楮皮纸。

但我当时还是觉得很奇怪，蔡伦在洛阳，他这造纸技术又是怎么传到长安来的呢？

于是张老汉就给我讲了一个故事，说当年蔡伦因为改良纸张技术有功，一下子成了太后身边的红人。可是邓太后这个人手腕太硬了，她一直不肯把朝政交出来，随着小太子一天天地长大，邓太后就有了要陷害他的意思。

陷害太子这事，是邓太后安排蔡伦去干的。可谁料想，这孩子命大，没被他们害死，后来反而成了皇帝，也就是后来的汉安帝。汉安帝一上台就开始和蔡伦翻旧账，蔡伦自己做下的事情自己心里有数，不等皇帝下手就服毒自尽了。

他死后，皇帝找不到人出气，于是那些跟蔡伦有过瓜葛的人都成了替罪羊，其中就包括很多蔡伦的徒弟。有一个徒弟侥幸逃了出来，从洛阳一路跑到了长安，发现这一带有许多楮树，就萌生了在这儿继续制作楮皮纸的念头，于是便留了下来，将老师蔡伦造纸的看家本事，全都传给了北张村的人。

张老汉的故事是不是真的，我没有找到历史考证，不过北张村的造纸手艺历史久远却是个不争的事实。有记载说，自唐朝开始，长安城里百官给皇上写的奏折，还有科举考试的试卷，用的全是北张村的纸。

这已经是离开简牍时代很多年之后的事情了。

在大汉朝，听一场别开生面的音乐会

前几天，我回老家去看望我舅，舅舅老了，孙子都上小学了。我到家的时候，那小子刚从外面玩回来，表弟媳妇教训他，说他只是贪玩，也不好好学习，长大以后可怎么办呀？

谁知那小子居然一点儿也不害怕，还冲着他的妈妈嬉皮笑脸地说了句“少壮不努力，老大徒伤悲”，又把大家逗笑了。

我问他：“你居然知道‘少壮不努力，老大徒伤悲’。”

他说，他的妈妈整天在他跟前念叨，他听得耳朵都起茧子了。于是我又问他，知道这话哪儿来的吗？

他想了想，继续嬉皮笑脸地说：“我妈说的呗。”

他的妈妈听了没好气地骂他：“你妈哪有本事能说出这话来，这是句唐诗。”

“这话可比唐诗久远得多了，准确地说，它应该是两千多年以前的一句歌词。”

听我这样一说，舅舅的小孙子立即来了兴趣，非要我把这首歌给他唱出来：

青青园中葵，朝露待日晞。
阳春布德泽，万物生光辉。
常恐秋节至，焜黄华叶衰，
百川到东海，何日复西归。
少壮不努力，老大徒伤悲。

可这不明明是首诗么？

不，它真的是两千多年以前的歌词，这些歌词在当时有个统一的名字，叫作“乐府诗”。

什么是“乐府诗”呢？

要回答这个问题，话题可就扯得有点儿远了。

在西安的沣东新城，有个“诗经里”，是一座文化主题公园，主要是讲《诗经》的。我在里面看过一出情景剧，讲的是西周时期，有个官员，他每年定期要去民间采集民歌，然后再对这些民歌进行修改整理，最后就形成了我们今天读到的《诗经》里的“风”。

这个官员的职位，就叫采诗官。

这样的采诗官到了秦朝依然存在，而且，秦始皇还为他们成立了一个部门，叫乐府。由乐府里的工作人员创作出来诗歌就叫作“乐府诗”。乐府是一个非常专业的音乐机关，主要工作就是采集诗歌、谱写乐曲，为国家的一些大型活动配乐演奏。

可是秦朝乐府存在的时间非常短，还没怎么创作几首好乐曲呢，秦朝就没有了，刘邦带着大队人马浩浩荡荡入关了！

但，刘邦却是个音乐发烧友，他很喜欢唱歌的：

大风起兮云飞扬，
威加海内兮归故乡，
安得猛士兮守四方。

我们都知道，这是刘邦的诗。但其实，它明明就是一首歌嘛，听听它的名字——《大风歌》。刘邦打了胜仗，心情好极了，衣锦还乡，跟老乡们在一起喝酒、聊天、畅谈往事，一时兴起，就唱了这首《大风歌》。

可见刘邦除了打仗，还是很有些音乐细胞的。所以，他后来娶了一位能歌善舞的唐山夫人。

有一次，刘邦要进行一年一度的祭祀活动。汉朝的祭祀活动里有一项内容，就是要唱歌，把对祖先的敬重以及祖先的功德通过音乐唱出来。

于是，这位唐山夫人便主动请缨，为这次祭祀活动谱写了一首歌曲，叫作《房中祠乐》。这首歌后来就被乐府收录进了他们的曲库里，并且改了个名字，叫作《安世乐》。

孝惠二年，使乐府令夏侯宽备其箫管，更名曰《安世乐》。

所以，总有人说，汉朝的乐府是汉武帝时期设立的。可是史书上写得明明白白的，汉朝的乐府是打一开始就有的。只是到了汉武帝时期，他把这个部门的规模给扩大了：

至汉武帝定郊祀之礼……乃立乐府，采诗夜诵。

《汉书》上说汉武帝“立乐府”，并不是说他创立了乐府，而是指汉武帝扩大了乐府的规模，让他的大舅哥李延年做乐队总指挥，又让大才子司马相如率领十来个诗人采歌写词，从而大力地推动了汉朝的音乐事业。

所以汉乐府的黄金时代，应该是从汉武帝时期开始的。很多我们非常熟悉的句子，其实都是从《汉乐府》里出来的：

“江南可采莲，莲叶何田田”是《汉乐府》里的；“青青河畔草，绵绵思远道”是《汉乐府》里的；“上邪！我欲与君相知，长命无绝衰”也是《汉乐府》里的。

包括我们上学时学过的《陌上桑》，讲一个长得特别漂亮的罗敷女，因为太好看了，所以，那些锄地的农民、读书的少年，望见她以后，都傻傻地看着，把要干的事都忘到脑后去了。

后来，来了一个当官的，一眼就看上罗敷了。可罗敷说，她有老公，而且还长得特别特别帅，所以才看不上这个当官的呢。

这样的完整的故事性，是《汉乐府》和《诗经》最不一样的地方。

《诗经》也讲爱情：

参差荇菜，左右流之。窈窕淑女，寤寐求之。
求之不得，寤寐思服。悠哉悠哉，辗转反侧。

但《诗经》里的爱情，大部分都是只讲我有多爱你，并不讲爱情过程。

而中国古典诗歌里大部分的叙事诗，都出自《汉乐府》。像《陌上桑》里的罗敷女，《孔雀东南飞》里的焦仲卿和刘兰芝，还有《上山采蘼芜》里的那个被老公抛弃了的女人，他们的故事都是完整的：

新人从门入，故人从阁去。新人工织缣，故人工织素。
织缣日一匹，织素五丈余。将缣来比素，新人不如故。

这是《汉乐府·上山采蘼芜》里的那位被丈夫抛弃的女人，她以前在家的时候多能干呀，一天能织五丈素。可后来娶的这位呢，一天才织一匹缣。

很具体的描写，有情节，有故事。

而《诗经》里怎么写弃妇的呢？

终风且曀，不日有曀，寤言不寐，愿言则嚏。

《诗经》里的弃妇更多的是抒情和感叹。她半夜里睡不着觉，希望她从前的老公能打个喷嚏，知道是自己想他了。

这是《汉乐府》和《诗经》在叙述风格上的差别。它们之间还有一个不一样的地方，是语言的格式。《汉乐府》成功地突破了四言诗的句式，它开始出现了五个字的句式特征啦。

其实诗歌的语言也是一个发展的过程，比如中国最古老的诗歌“断竹，续竹，飞土，逐肉”，是两个字一句的句式。这是因为那个时候人们的词汇表达还不那么发达，可是后来慢慢有了三个字的句式了：

螽斯羽，诜诜兮，宜尔子孙，振振兮。

再往后，《诗经》里就有大量的四言诗，这是先秦时代诗歌最突出的句式特点：

关关雎鸠，在河之洲。窈窕淑女，君子好逑。

现在，我们讲到汉朝了，他们已经用五言来作诗啦：

十五从军征，八十始得归。
道逢乡里人，家中有阿谁？

而至于像“两个黄鹂鸣翠柳，一行白鹭上青天”这样的七言诗，则又是要到几百年之后的唐朝才开始全面流行起来的。

但无论三言、四言，还是《汉乐府》里的五言，甚至包括唐朝的七言、宋朝的长短句，它们曾经的样子，多是配着好听的音乐，打着有节奏的拍子，被人们大声唱出来的。

只是可惜了，因为时间太过久远，这些诗歌的歌谱都没有被保存下来，所以到了今天，我也实在是没有办法告诉我舅舅的小孙子，这《汉乐府》里的歌，到底是怎么唱出来的。

没有手机的汉朝人，消遣起来很威武

消失了的弋射

《诗经》里有一首特别具有生活情趣的诗，是讲一对小夫妻天刚刚亮的时候，躺在被窝里说的悄悄话：

女曰鸡鸣，士曰昧旦。
子兴视夜，明星有烂。
将翱将翔，弋凫与雁。

妻子催丈夫起床，可丈夫还没有睡够，于是妻子对他说：“你听，鸡都叫了三遍了。”

丈夫还是赖着不想动，懒洋洋地说：“还早呢，你看，天上还有星星呢。”

妻子为了哄他快点起来，于是撒着娇继续催着丈夫说：“还是快点起来吧，起来去打只野鸭子或者野雁回来，我给你再温点酒，咱俩好好吃一顿，你说好不好呢?”

“弋凫与雁”是妻子给丈夫安排的一项工作。“凫”和“雁”，指的是野鸭和大雁，可什么是“弋”呢?

“弋”本身是个名词，指的是小木桩。但它在这里是被当成动词用了，就变成了射箭打猎的意思。

但妻子为什么不直接用“射箭”的“射”，而非要用“弋”呢?

因为这对小夫妻生活的年代，还是一个“弋时代”。

在一支箭的尾巴上绑一条长长的绳子，绳子的另一端系在一个小木桩上。等箭射出去以后，中了，顺着绳子，就能找到猎物。退一步讲，哪怕啥也射不着，至少还能找到那只空发的箭。

这便叫作“弋”。

在《诗经》里的这对小夫妻生活的时代，射一支箭并不是件容易的事情，万一空发了，那损失实在有点大。所以，人们就用“弋射”的办法去打猎。可是到了后来，随着生产力逐渐发展，首先是人们获取食物的渠道不单单靠打猎了，其次就算是打猎，谁也不会再把浪费一两支箭当回事了。

可“弋射”却依然盛行。

只不过此时，这已经不是人们捕获食物的主要方式了，却被当成酒足饭饱以后的娱乐休闲。尤其是到了汉朝，商业经济非常发达，人们再也不用为了温饱而发愁，就想着办法找点儿乐子，于是：

> 弋射渔猎，犯晨夜，冒霜雪，驰阬谷，不避猛兽之害为得味也。

汉朝人的弋射，已经是一种纯粹的娱乐活动，他们宁愿冒着风雪严寒和被猛兽伤着的危险，也要跑到山谷里去组织弋射活动，图的就是一个刺激!而且这种游戏成本不高，只需一个木桩和一套弓箭就可以搞定。所以在汉朝，弋射便成了一项人人都可以参与的活动。

结网捕鱼，缴雁弹凫。

这八个字，出自东汉的一份《僮约》。

《僮约》是一个有钱人家在购买一个僮仆的时候签订的合同，在这份合同里，规定了这个僮仆平时的工作除结网捕鱼，还要射猎大雁和野鸭。

这个主人真是很细心，他把给这个僮仆工作时使用的工具都写得很清楚，所以用了“缴雁”这个词。“缴”字在这儿发“zhuó”的音，指的就是弋和箭尾之间的那条细细的绳子。

所以说这个主人也实在是精明得厉害，既让僮仆去打猎，还害怕他浪费箭，因此才强调他一定要“弋射”。

但事实上，弋射能射到的猎物是很有限的。因为它有一条长长的绳子作为约束，最多也就只能射一些乱跑的野鸭，所以这种游戏也就在汉朝风靡了一阵子。到了晋朝，就已经有人说出了“弋射不及飞鸿”的话来，意思是嫌弋射这种游戏根本射不到高空飞翔的大鸟。于是，他们开始扔掉了绑在箭尾上的那根绳子，人可以纵马驰骋，箭可以一冲入云，一个新的射猎时代就这样开始了。

而“弋”也只能成为一种定格在文字和图片上的游戏，估计现在已经少有人知道得那么清楚了。

最早的举重选手

在秦国的历史上，有一位很特别的国君。这位国君在位的时间并不长，但留下的分量却一点儿也不比别的国君小。

因为他死得实在是有些“重”。

有一次秦武王去洛阳，见到了一只从未见过的大鼎，叫作龙文赤鼎。

据说当年大禹划分天下为九州之后，又铸造了九只大鼎，用每一只鼎来代表每一个州，这龙文赤鼎代表的正好是嬴氏的老家。

所以当武王遇到了这只秦州鼎，心就痒痒得不行了。这是他举重史上的新纪录，他决定来挑战它！

摩拳、擦掌、运气、抓鼎，起！

周围一片叫好之声，武王居然把大鼎给举起来了！但他也是用尽了全身的力气，只把他累得眼眶充血、双腿打战，忽然一个趔趄，大鼎从他的手里滑落了，不偏不斜正好压在了武王的小腿上，血流不止，当晚人就死了。

但，扛鼎运动，却并没有因为这位秦王的死而被终止，每一个热血青年，还都在踊跃地投身到这项极具威猛的运动中来。“长八尺余，力能扛鼎”说的是项羽能扛鼎；“胥壮大，好倡乐逸游，力扛鼎”说的是汉武帝的第四个儿子广陵王刘胥，他也爱扛鼎。

这项特别能体现男子勇猛力量的运动一直被尚武的汉朝人热衷。所以，在一次朝廷选拔武官的时候，就有人向皇帝建议说，要以一个叫夏育的人作为考核汉朝武官的标准。

但谁是夏育呢？

夏育是周朝的一位大力士，能扛大鼎。把他作为汉朝选拔武官的标准，那扛鼎自然就是一项少不了的考核项目了。

所以一时之间，扛鼎就成了汉朝青少年都乐于参加的一项运动，练得好了，说不定就能从此打开仕途，成为一位领兵打仗的大将军。

可鼎却是个稀罕物，它是用青铜铸造的，青铜属于贵金属，在当时是只有有钱人家才用得起的，一般老百姓连见都不一定能见得着。所以，举重运动在民间就变得五花八门了，只要是能锻炼臂力的器物，都成了百姓家里的举重对象。

在今天山东的枣庄市有一座小小的山头，名字叫作抱犊崮（gù），传说当年有位放牧的少年每天都在这山头上放牛。可这少年很是奇怪，他来放牛，却不让牛自己在山坡上溜达，而是自己抱着小牛去爬山。

这行为实在是有一些怪异，就在大家还想不明白他为什么要这样做的时候，一件有趣的事情发生了——小牛一天天在长大，少年的臂力也一天天地增强了。

大家这才知道，原来少年这是在拿小牛练举重啊！

可还是有人，他们家连牛都没有，又该拿什么练臂力呢？

告诉你们，可以练门闩。

现在的孩子可能并不知道什么是门闩，因为现在的门锁很结实，根本不需要用到闩。但古人关门的时候，把两扇门板合上以后，还需要用一根又大又重的闩从里面给封上，否则外面的人轻轻一推，门就开了。

但一般人家的门闩其实并不是十分重，如果真想练臂力，最好用的是城门闩。

古代的城门高大，门闩又大又重，需要好几个人用力才能推得动。因此，谁要是真能把这城门闩给举起来，那也算得上是大力士了。

所以，汉朝就有一项举重运动，叫“翘关”。“关”指的是城门闩，“翘关”指的就是举城门闩运动。

大概是因为这项举重运动的取材更为简单，所以到了后来，翘关运动竟代替扛鼎成了汉朝武举考试的项目之一，而且一直被沿用到唐宋时期：

翘关，长丈七尺，径三寸半，凡十举，后手持关距，出处无过一尺。

这是《新唐书》里记载的关于翘关举重的运动规则，说的是把一根长一丈七尺、径三寸半的木闩举起来、落下，再举起、再落下，凡此十次以后，手臂还能稳稳当当地握在门闩上。

不知道现在的举重冠军，能不能做得到呢？

比你想象得还要久远的蹴鞠运动

一提到蹴鞠，很容易让人想到的是宋朝。《水浒传》里的高俅之所以能从一个家仆平步青云，成为皇帝身边的红人，就是因为蹴鞠玩得好。

所以就有很多人说，足球是中国的，因为我们在宋朝的时候就已经开始玩踢球了。

这话到底对不对呢？我不敢下结论。但我知道的是中国人玩蹴鞠的年代，其实远比宋朝早多了：

临淄甚富而实，其民无不吹竽鼓瑟、击筑弹琴、斗鸡走犬、六博蹋鞠者。

这是《战国策》里的一段话，讲的是2300多年以前，有一位特别能说会道的纵横家叫苏秦，他为了拉拢齐宣王，便跑到齐宣王跟前极尽讨好之辞，夸临淄这个地方老百姓的日子过得好，百姓丰衣足食，平日里弹琴唱歌、斗鸡遛狗、玩棋蹋鞠。

在这里，苏秦说到的“蹋鞠”，指的是战国时期的一项球类游戏，最早是军队用来训练士兵的，后来慢慢传到了民间，就成了“蹴鞠”。

蹴，踢的意思。鞠，是一种实心的球。所以“蹴鞠”自然指的就是一种踢球运动。蹴鞠最晚出现的时间，也应该是苏秦纵横的战国时代，但要论起这项运动的全民化，却应该是在汉朝。

刘邦在长安做了皇帝以后，想把他爹也接到长安来跟着他享清福，可老爷子来以后却怎么也高兴不起来。

一问才明白，老爷子这是思念他在老家时与一群朋友游戏的快乐光景了：

斗鸡蹴鞠，以此为欢。

刘老太爷在老家的时候，有一群朋友每天陪着他一起玩耍，要么斗鸡，要么蹴鞠。

看起来刘老爷子年轻的时候确实很会玩。

没错，汉朝的男人也喜欢球类运动，所以就连带兵打仗的霍去病，都会忙里抽闲地练几脚：

其在塞外，卒乏粮，或不能自振，而去病尚穿域蹋鞠也。

霍去病带兵在外，都快没有军粮了，但他还能组织大家一起玩蹴鞠。

是他心大吗？

当然不是的。这其实是一种鼓舞士气的手段。汉朝的军队里经常会举行蹴鞠比赛，它的作用不仅仅是娱乐，更重要的是可以锻炼体能、培养斗志。所以，到了东汉末年天下大乱的时候，每个人都有可能随时被征召上战场。所以，即使是普通老百姓，也会随时被组织起来开展蹴鞠比赛，于是便有了这样一种局面：

士以弓马为务，家以蹴鞠为学。

家家都在练习蹴鞠呢！

你一定特别好奇，这两千多年前的蹴鞠，到底是怎么个玩法呢？

东汉有个叫李尤的人写了一篇《鞠城铭》，在这篇文章里，他记录了一段汉朝人玩蹴鞠的内容：

圆鞠方墙，仿象阴阳。法月衡对，二六相当。建长立平，其例有常。不以亲疏，不有阿私。端心平意，莫怨其非。

这段文字虽然没有记录详细的蹴鞠游戏规则，但至少告诉了我们一些关于汉朝人玩蹴鞠的内容：

汉朝的鞠是圆的，蹴鞠的场地是方的——圆鞠方墙；

球场上有一个球门，两两相对——法月衡对；

出场的队员数是十二个人——二六相当；

球场上是有裁判的，而且对裁判提出了要求，要不存私心，秉公裁决——不以亲疏，不有阿私；

队员要服从裁判的判决——莫怨其非。

凭这几项比赛规则，就有人说，中国汉代的蹴鞠运动开了世界集体竞赛项目的先河。因为古希腊创办的奥林匹克运动会虽然始于公元前776年，但他们比的都是个人竞赛。而汉朝人的蹴鞠比赛却是世界上最早的集体竞技赛。

威武的汉朝人喜欢斗兽

刘贺是汉武帝的亲孙子，他的小叔叔汉昭帝死了以后，因为没有子嗣继承王位，霍光便把他找来做皇帝。

可这个刘贺实在不是块当皇帝的料，你看他整天在宫里都干些什么：

弄彘，斗虎。

刘贺最喜欢干两件事情，一件事情是玩野猪，一件事情是斗老虎，这让霍光很是恼火，所以没几天，就把他从皇帝的位子上给推下去了。

后来的汉成帝就玩得更刺激了，他让人猎了一大群野兽，有老虎、豹子、狗熊、野猪……全是些生猛要人命的家伙，他把这些要人命的家伙聚集在一个园子里，然后找人去和它们搏斗，场面一度十分血腥，但成帝却觉得很是刺激。

不过，像刘贺跟汉成帝这样虽然也号称喜欢斗兽，但充其量不过是属于“叶公好龙”一类的。说得仔细一点，他们并不是真正的斗兽，他们喜欢的是“观斗兽”。但还有一种人本身就是以斗兽为乐的，你比方说，我们前面提到的那位力大能扛鼎的广陵王，他就有这乐趣：

广陵王胥有勇力，常于别囿学格熊。

这位广陵王闲来没事的时候，就喜欢到园子里找头熊来耍着玩，这可真的就是把斗兽当成娱乐活动来进行的人了。他们会觉得，与其观人斗兽，不如亲自参与会更有刺激感。

汉武帝年轻的时候，就曾徒手搏斗过一只大黑熊；东汉末年的曹彰是曹操的儿子，史书上说他“手格猛兽，不避险阻”。这些人，都被看成是汉朝的勇武之士，因为他们敢去和吃人的猛兽搏斗。

所以在汉朝，人们为了嘲笑戏弄那些手无缚鸡之力的书生，就让他们去斗兽。如果他们不敢斗，肯定会有人说，这简直连个男人都不是！

汉景帝时期的儒生辕固就曾接受过一次这样的考验，他因为得罪了汉景帝的妈妈窦太后，窦太后很生气，就罚他去斗兽。

可辕固是个书生啊，哪有斗兽的力气？好在，这次安排他斗的是一只野猪，汉景帝怕他吃亏，临上场以前，悄悄给他塞了把匕首。

这可真是一场令人担忧的较量！但辕固的表现不俗，一上去就给了野猪一刀，直接把野猪撂翻，也算是给汉朝的读书人大大争了一口气！

汉朝是一个尚武的时代，手软到拿不起刀的人在那个时代是让人看不起的。就像鲁迅先生说的那样：“虽有边患，但魄力究竟雄大。”所以你看即使他们的消遣娱乐，也都是果敢而充满着力量的，除了斗兽、蹴鞠、扛鼎和弋射，他们还玩戏车、玩相扑、玩赛马、玩击剑……真的是样样都充满着大汉朝的威武之气。

第四章　汉家小儿女的情深意长

汉朝人的爱情，藏在他们的情歌里

前几年有部电视剧《父母爱情》。女主角安杰，从一个大姑娘一直到八十多岁的老太太，和她的丈夫江德福，两个人一辈子始终不离不弃。

大概是这部电视剧的收视率太高的原因吧，后来就有人又把安杰和江德福的故事编成了小品，那个头发也白了、腰也弯了的安杰，非要逼着老得满脸褶子的江德福给她说句“我爱你”。

可江德福憋了半天，愣是怎么也说不出口！不知道是不是真的就像那首歌里唱的一样——“爱你在心口难开”啊！

所以，这几年，又开始流行土味情话了：

“你累不累啊？你都在我心里跑了一整天了！”

“从今以后我只能称呼你为‘您’了，因为你在我心上。”

“做腻了可爱的女孩子，我有点儿想做你太太。”

这些，都是我女儿教我的。她说现在的情话都这么说，虽然没有“我爱你”，但很有些小俏皮，听得人心里也是怪舒服的。

我跟她说，那是因为她没有听过汉朝人说情话，汉朝人的情话说出来，可比这土味情话有味道得多了！

就拿那位“十三能织素，十四学裁衣”的刘兰芝说给她前夫焦仲卿的情话来说，就很是动人的。

刘兰芝跟焦仲卿的故事大家都知道，他们是《孔雀东南飞》里的男女主角。刘兰芝很漂亮，也很能干，十三岁就会织布，十四岁学会了做衣服，十五六岁的时候琴棋书画就样样精通了，到了十七岁，她嫁给了焦仲卿做老婆，从此一心一意和他过日子。

刘兰芝是《汉乐府》里的人物，她是生活在汉朝的女孩子。那个时候，国家缺少劳动力，希望到了能结婚生育的年纪，男的女的赶紧结婚生孩子，好给国家早点补充接班人。

所以，汉惠帝时期就曾有过这样的一条律法：

女子年十五以上至三十不嫁，五算。

这对大龄剩女来说，绝对是个坏消息，长到十五岁还没有嫁出去，国家是要罚钱的。

怎么个罚法呢？

五算！

算，是当时政府向老百姓征收人口税的一种计量单位，一算一百二十钱。好了，你们家姑娘都长过十五岁了还没有找到婆家，那就再多交五算吧。

按这算法，刘兰芝她爸妈把她十七岁嫁给焦仲卿，就已经算是晚婚了！

可问题是，刘兰芝结婚好几年了，还没生出个孩子来。这下她婆婆不愿意了，找了个碴儿，就要让儿子把刘兰芝给休了！

那个时候，无论儿子还是女儿，他们的婚姻全是由爸妈说了算的。像卓文君那样，因为听了司马相如的一曲《凤求凰》，就敢跟着他连夜私奔的，绝对是凤毛麟角。大多数的男孩子女孩子，都是在连对方长什么模样都不清楚的时候，就跟着他（她）走入了婚姻的殿堂。

他们的爱情,多半是从结婚那天才开始的。但这种爱情,往往也能感天动地。

像刘兰芝和焦仲卿，虽然婆婆说什么都容不下儿媳妇了，但儿子却喜欢得不行啊。所以，在送走刘兰芝那天，俩人都哭得跟个泪人儿似的。临分手前，刘兰芝给焦仲卿说了句情话：

君当作磐石，妾当作蒲苇。蒲苇纫如丝，磐石无转移。

这话的意思是说，你对我的感情啊，就好像磐石一样坚定不移。而我对你的感情，就好像蒲苇一样的有韧性，不会轻易被割断。

只可惜，现实往往比想象的要残酷！

刘兰芝回到娘家后不久，她娘家哥哥又给她找了个婆家，但刘兰芝心里装着焦仲卿，不愿再嫁他人，所以在临上花轿前就跳了河，她自杀了！

这消息很快传到了焦仲卿的耳朵里。焦仲卿十分难受：心爱的人死了，自己活着还有什么意思！于是找了个树枝，把自己挂上去，他也死了！

所以，汉朝人的爱情虽然多半是从结婚那天才开始的，尽管他们从来没有说过一句“我爱你”，但他们的情话说出来，却是实打实的，落在地上都能砸出个坑来。

琼瑶阿姨二十多年以前，在编《还珠格格》的时候，用了一句“山无棱，天地合，乃敢与君绝”的台词，是紫薇说给尔康的，其实借用的就是汉朝人的情话：

上邪，我欲与君相知，长命无绝衰。

山无陵，江水为竭，冬雷震震，夏雨雪，天地合，乃敢与君绝。

这也是《汉乐府》里的一首情歌，是一个女孩子唱给她心上人的。她说，我好想和你永远在一起啊，除非山头被抹平了，江河里的水干了，冬天打雷，夏天飘雪，天和地都合在一起了，我才能与你分开！

瞧这情话说的，是比刘兰芝的“磐石蒲苇”还叫人震撼！不过比这让我更伤情的，是秦嘉说给他老婆徐淑的情话，听了句句都让人掉泪：

一别怀万恨，起坐为不宁。何用叙我心，遗思致款诚。

他说我跟你的每一次分别，心里都会生起一万分的离恨，因为思念你而时常令我坐卧不安。所以根本就不用说“我想你”那三个字，我对你的心，全都在我寄给你的礼物里了。

与汉朝的大多数夫妻一样，秦嘉与徐淑的爱情，也是从他们结婚的那一天开始的。但他们这始于婚后的爱情照样你侬我侬，俩人爱得你中有我、我中有你，谁也离不开谁！

只是，人生无处不别离！

秦嘉只是个小官员，因为工作关系，他要离开家乡到洛阳去上班。他多想带着老婆徐淑一起去啊，可惜了，徐淑这个时候在生病，走不了远路，小两口只好暂时分开了。

谁知道这一分开，竟然是永别！

秦嘉到了京城以后也病倒了，后来客死他乡，再也没有见过徐淑。这中间，他们写过很多书信，有一次，秦嘉还派车去老家接过徐淑。但，徐淑的身体实在不好，还是走不了远路。所以，当秦嘉满心欢喜地听到去接老婆的车子回来了的时候，跑出去一看，竟然迎回来了个寂寞：

遣车迎子还，空往复空返。

空车去，空车回，秦嘉好绝望啊！大概在他临死以前，一双眼睛还在望着窗外，希望徐淑的身影突然出现，那他一定会拉着她的手，对她亲口说出那句情话：

忧来如循环，匪席不可卷。

这话是套用了《诗经》里的语言，“我心匪石，不可转也；我心匪席，不可卷也”。意思是说，我的心不像石头，可以随便搬到哪儿就是哪儿。我对你的感情也不像席子那样，说卷起来就可以卷起来的。

我对你的爱，是至死不变的！

秦嘉就这样，带着他对徐淑至死不变的爱永远地走了。没多久，他的大舅哥，也就是徐淑的亲哥哥，像刘兰芝的娘家哥一样，觉得这妹妹养在家里每天还得饭菜伺候着，不如赶紧把她嫁掉吧！

徐淑能怎么样呢，长兄如父呀！

所以她给她哥写了封信，告诉哥哥她的心里只有秦嘉一个人，如果哥哥非要逼着她改嫁，那么，她只好去那个世界找秦嘉了。可是，她和秦嘉的孩子还太小，如果她死了，孩子由谁来抚养呢？

想到这里，徐淑做了一件非常决绝的事情：自毁容颜。从此，她变成了一个没人愿意要的丑女人，守着她和秦嘉的孩子，还有她对秦嘉的爱情一直到老。

恨无兮羽翼，高飞兮相追。

长吟兮永叹，泪下兮沾衣。

这是徐淑写给秦嘉的情诗。她说她只恨自己没能生出一双翅膀，飞到秦嘉的身边。如今想起了他，伤心的眼泪流得像小河一样，把衣衫都打湿了。

这话听了，真是能把人的心揪碎。相爱的人不能相守在一起，这大概是世间最伤情的事情了。

所以，无论什么样的情话，哪怕说得再动听，都比不过一个人长长久久的陪伴。因为陪伴，是最长情的告白。

再婚女人的幸福生活

前面聊汉朝人的情话，有人说这里面有个小问题。

刘兰芝和徐淑都是离过婚的女人了，她们的哥哥又怎么能把她们嫁出去呢？

别人都不说，汉武帝的妈妈王太后，在嫁给他的爸爸汉景帝以前，就已经嫁过人了。可是，这一点儿也没有妨碍她后来进了皇宫，给景帝生儿育女，最后成了全天下最尊贵的女人。

当然，这首先要感谢的是她的母亲，也就是汉武帝的外婆，那可真是个厉害的角色！

汉武帝的外婆名叫臧儿。她的第一任丈夫姓王，臧儿跟这位丈夫生下臧儿三兄妹以后，又改嫁了一位姓田的有钱人。

所以，汉武帝后来就又有了个姓田的舅舅，叫田蚡。那是因为他的外婆先后嫁了两个男人，于是在她生的孩子里，有跟前夫姓王的，还有跟继任姓田的。

到了汉武帝的妈妈长大以后，臧儿先把她嫁给了一户姓金的人家，本来小两口日子过得也挺好的，孩子都生下了。谁知道，美好的生活很快就被臧儿叫停了。

也不知道她是从哪儿认识了一个算卦的，这算卦的说，她的女儿将来一定会大富大贵的，她将来也一定要跟着女儿享福的。

于是，臧儿回家就想："凭我现在那个穷女婿，我将来能跟她享个什么福？我跟我女儿的福气一定是在一位富贵男人的手里。"于是让女儿跟金家把婚离了。转过头，宫里需要人，她就把女儿送进宫了。

所以汉武帝的妈妈到了汉景帝身边的时候，早就不是女儿身了，可她还是受到了汉景帝的宠爱，后来还把她生的儿子定为了皇位继承人。

东汉末年有一位重要的人物曹操。有人统计过，曹操一辈子娶的女人里，有过婚史的有好几个！

难道是因为人们面对曹操的权势敢怒不敢言吗？

那么朱买臣他老婆总该是没权没势的平民老百姓吧，她不是照样也改了嫁？

朱买臣这人我们前面提过，他年轻的时候是个穷书生，每天只知道低头念书，穷得都快没饭吃了，他也不想办法去挣钱。于是他老婆实在是受不了了，就跟他在家里说："求你把我休了吧，我再也不想跟你过下去了！"

这故事很像唐朝大书法家颜真卿当地方官的时候断过的一场离婚案。

被告人是一位杨姓的书生，跟朱买臣一样，每天除了读书，啥也不会干。他的老婆跟朱买臣的老婆也一样，实在穷得受不了了。

但，到了唐朝，女人已经有了可以提出离婚的权利，所以这位杨姓书生的老婆就到官衙打官司闹离婚了。

这个离婚案颜真卿给判了。虽然他也觉得杨书生的老婆做得有点过分，但唐朝的律法是支持女性离婚的。可我们现在讲的是汉朝，汉朝的衙门里，还不受理离婚案。在汉朝想要结束一段婚姻，除非女方的家里有权有势，否则主动权是掌握在男方手里的。比如说刘兰芝的婆婆，她说不要这个儿媳妇，那就不要这个儿媳妇了。

因为刘兰芝不能生孩子，这在汉朝属于婆家休媳妇最正常的理由之一。另外，如果一个媳妇不尊重公婆，或者害有严重的疾病，或者出轨，或者爱嚼是非，或者娘家有人犯法了，这些都可能成为男方休妻的理由。

但朱买臣的老婆啥毛病都没有，她就是不想再过穷日子了，那只能求朱买臣把她休了。

朱买臣的老婆跟朱买臣离婚以后，很快又嫁人了。婚后，俩人的日子过得还不错。有一回，朱买臣因为没有钱，好几天没吃上饭，正饿得头晕眼花的时候，遇到前妻跟她的现任丈夫了。别说，这个现任丈夫还真是不错，他叫妻子把朱买臣请到了家里，好吃好喝地招待了他一回！

可见朱买臣的前妻再嫁的这个男人还是真不错，他也没有因为她有过一段婚史，就觉得见不得人了。这在汉朝人的眼里，好像太司空见惯了。

所以，司马相如遇到了卓文君！

当司马相如琴动卓文君的时候，卓文君的丈夫刚刚去世不久，她正在娘家修养身心，司马相如就这么闯入了她的生活。

有一美人兮，见之不忘。
一日不见兮，思之如狂。

据说，司马相如早就听说了卓文君的才华，又喜闻她新寡，于是在她爸爸举办的这场“沙龙”上，特意演奏了这首《凤求凰》。

卓文君当下就啥也不顾地跟着司马相如私奔了。可这条爱情的路上，真的就像她所想的那样，充满了幸福与甜蜜吗？

儿媳妇的美好时代

在中国古代，或许汉朝的儿媳妇才会有那么一段时光，是不用和公公婆婆生活在一起的。

举个例子，汉朝有个叫陆贾的人，年轻的时候，曾经是刘邦的跟班兄弟，因为能言善辩，后来成长为汉朝初年一位非常出色的外交官。

但后来刘邦死了，刘邦的老婆吕后当政，用的都是吕家的人。陆贾一看这形势，交了份辞职报告就回家了。

但陆贾辞职，可不是只带了一只破纸箱就走了。他的怀里揣着他当年做外交官时因为工作得力，刘邦赏给他的一千金赏钱。

回到家以后，陆贾把他的五个儿子叫到跟前来，对他们说："我为了咱这个家辛辛苦苦一辈子，现在我辞职了，想好好歇一歇。反正你们长大了，各自也都成了家，所以咱从今天起，就把这个家分了吧！"

说完，他把手里的一千金分成了五份，每个儿子两百金，从此就让他们各过各的日子了。

儿子们一脸的疑惑，这分了家之后，爹爹可咋办呀？

陆贾早就想好了。

他跟儿子们说："关于我的养老问题，你们得共同承担。以后我每十天换一家，头十天在老大家，后十天在老二家，再一个十天去老三家……以此类推！"

在汉朝，子女长大以后和父母分开单过是一种流行趋势，这种风气是早从秦国就开始兴起的：

民有二男以上不分异者，倍其赋。

这是当年商鞅变革时制定的一条律法，他说家里如果有两个以上男孩子，在他们长大以后如果还和爸爸妈妈同住，就得交双份的赋税。

为什么要制定这样的律法呢？

为了防止妈宝男的诞生！

秦国异军突起，正是强国强民的关键时刻，拆散大家庭可以划小生产规模，鼓励每个人从事生产。

这条律法一直被沿用到了秦统一六国之后，到了汉朝，汉承秦制，这种小两口成家后搬出去单过的现象依然很普遍。

《后汉书·何敞传》里，讲何敞在汝南当太守的时候，将当地治理得民风淳朴，百姓都很讲孝道仁义。可即便如此，儿女长大了以后，还是要分出去单过的。直到父母年纪大了，这些搬出去单过的子女又会回来照顾他们：

其出居者，皆归养其父母。

这至少说明到了东汉，儿女与父母分开单过依然在流行。

究竟是在什么时候，中国的家庭规模开始变得越来越大？又是什么原因让中国人有了几代同堂的幸福感呢？

这大概就是世间万物往复循环的规律，一家人生活在一起的日子久了，容易滋生“妈宝男”，那就分开吧，让孩子们单过，去自我成长吧。

可分开得久了，新的问题还是来了！

就像那出《墙头记》里唱的一样，分了家之后，儿子媳妇会觉得，虽然我们从前是一家人，但是现在分开了呀，我家过我家的，你家过你家的，所以各打各的小算盘。

借父耰鉏，虑有德色；母取箕帚，立而谇语。

子女朝爹妈要东西的时候觉得心安理得面无愧色，可爹妈一旦反过来朝他们借东西，他们马上鼻子不是鼻子，嘴巴不是嘴巴的。更有些媳妇甚至摔盆子摞碗，骂人的话全出来了！

所以对于一家人是不是真的要分开过的这个问题，汉朝人也会有觉醒。

东汉有个叫缪彤的人，家里弟兄四个，各自也都娶了老婆。这一大家子生活在一起，媳妇们都不愿意了，于是跑去找大哥缪彤，嚷嚷着说把家分了吧。

作为大哥，缪彤心里真是难受啊。他觉得本来都是骨肉至亲的一家人，为什么非要分开呢？于是一个人闷坐在家里仰天长叹：“好你个缪彤啊，你也算是熟读圣贤之书的人，怎么连个家都管理不好呢？”

几个弟媳妇听了都有些不好意思了，纷纷低着头进来给大哥认错，后来这个家果然就没有分成。

东汉以后，大家庭慢慢开始形成，兄弟同住，四世甚至五世同堂成了模范家庭的榜样，大概直到我们这一代人做媳妇的时候，依然有不少是和公公婆婆，甚至爷爷奶奶生活在一起的。

不用说别人，我就是这样生活过来的！

一场财产纠纷案引发的思考

今年清明节回乡下给妈妈上坟，正好赶上堂叔家在闹分家。

堂叔家有一院房，前后三进，是传下来的。堂叔给大儿子分了前院，前院临街，地理位置好，却是平房，面积小；给二儿子分在后院，一座二层小楼，可又没有门面房。

所以怎么分，两个媳妇好像都觉得自己吃了亏。

说到这里，倒是让我想起了汉朝的爹妈们，他们有的时候反倒会更知道疼女儿！

比如卓文君的爸爸。

关于卓文君的故事，我们已经提到过好几次了：她因为司马相如的一曲《凤求凰》，连夜跟他私奔了。人老色衰的时候，用一首诗智斗第三者，完美地捍卫了婚姻。

这都是卓文君的故事。不过现在，我们要讲的这个故事，却是卓文君背后那个男人的故事，不不不，不要以为我说的是司马相如，我说的是卓文君的爸爸，卓王孙。

卓王孙在当时的四川算是个有钱人了，用《史记》上的话说，他们家“僮客八百”。这里的“僮”，指的是家仆的意思。

也就是说，卓家光家仆就八百多人，那卓爸爸的女人更不用说，绝对不止一个，孩子当然也就不止卓文君一个了。可是，从卓爸爸的身上，我还是看到了他对卓文君的宠爱，而且还是很深很深的爱！

卓文君一声不响就跟着一个男人私奔了，别说是两千年以前，就是搁现在，哪个父母不生气，哪个父母受得了？

可是，当他看到女儿嫁给司马相如以后，日子穷得叮当响，竟然还摆了个酒摊在街上卖起酒来了。这下卓爸爸受不了了：

分予文君僮百人，钱百万，及其嫁时衣被财物。

马上又送钱、又送僮、又送东西的，这其实相当于卓爸爸给卓文君补了回嫁妆！

在汉朝，如果说一个女儿可以从娘家拿走财产的话，“嫁妆”应该是她的第一次机会，而且名正言顺。不过卓爸爸的这份嫁妆可真是够厚实了：

文君乃与相如归成都，买田宅，为富人。

凭着老婆的这笔嫁妆，司马相如摇身一变，从一个一穷二白的穷小子变成富人了！

可这还不算完，这还仅仅是他老婆从娘家拿到的一份嫁妆，她还没分到家产呢：

乃厚分与其女财，与男等。

在汉朝，作为女儿的卓文君不仅可以分到娘家的财产，而且还和她的兄弟们分得一样多。所以我常想卓文君真应该好好感谢她所生活的时代，说实话，这个时代对女人还是十分厚道的：

毋妻以子女为后。

20世纪80年代，在湖北江陵张家山一带出土的一批汉简中，包括了很多当时的律法文献，这条“毋妻以子女为后”就是从这批汉简里抄出来的。意思是说，当一个男子去世以后，他的老婆也去世了，那他们的孩子可以共分家产，无论子女。

这是从律法上确定了汉朝的女儿是和儿子一样可以享有财产继承权的。

2004年，在长沙东牌楼出土的汉简里，就记载了这样的一场官司。说东汉时期，有一个叫精宗的大地主死了之后，留下了一些田产，后来就是因为这些田产，他的外孙把他的两个亲弟弟给告了：

原告：李建。他是精宗的女儿精姃的儿子，也就是精宗的外孙。

被告：精张、精昔。这两人都是精宗的亲弟弟，也就是李建的堂外公。

那么李建为什么要状告他的这两位堂外公呢？

原来，精宗死后，把自己的田产留给了他的女儿精姃。但，在给精宗守灵的时候，他的女儿哭得实在是太伤心了，结果忧伤过度，也死了！

可那个时候，她的儿子李建还是个小娃娃呢！

所以，精宗的后事，都是由精宗的两兄弟，也就是精张和精昔料理的！这二位不仅埋了他们的亲哥，还把他哥留给侄女的田产也霸占了。

后来，李建长大了，知道了自己的外公原来还给自己的妈妈留下过一些田产，现在却被他的两个堂外公霸占着。

于是李建一纸状子，就把这二位堂外公给告了！

李建为什么敢这么理直气壮地告两位老人家？他哪儿来的底气呢？

因为有律法做后盾啊。

汉朝的律法规定了他的妈妈精娅作为他外公精宗的女儿，是有权利继承他外公的这份田产的。

可他外公的两位兄弟也有道理啊！虽然李建的妈妈作为女儿是有继承权的，但，她在给精宗守灵的时候就死了，精宗的后事还是他这二位兄弟料理的。

所以，这场官司最后的结果，是李建拿回了他外公大部分的田产，但也给他的两位堂外公留下了很小的一部分。毕竟是他们给李建的外公送的终，出于权利与义务的对等性，这是很公平的。

要获得财产的继承权，就得承担一定的家庭责任，这无论是两千年前的汉朝，又或者是两千后的今天，都是合情合理的事情。

第五章　购物很费钱，购物很快乐

从第一笔订单，到商业的起源

我平时看电视不多，偶尔看一下，也只看一些知识类的节目。就在前不久，我看一期讲古代商业的电视，男主持人说，我们现在之所以把商业叫“商业”，是因为中国商业的起源在商朝，这个“商”，用的就是“商朝”的“商”。

日中为市，致天下之民，聚天下之货，交易而退，各得其所。

这是《易经·系辞》里的一段话，讲的是远在神农时代，神农氏为了能让老百姓过上好日子，教大家怎么制作农具，怎么种田，怎么织布。等到那些会制作农具的人手里有了农具，会种田的人手里有了粮食，会织布的人手里有了布匹，他就选块地方开一个交易市场，每天中午，让大家把自己手里的东西都拿到市场上来，我用粮食换你的布，你用布换他的农具。以所有换所无，这不就是最早的市场交易和商业雏形吗？

当然，从神农时期的市场交易来看，那个时候能做交易的商品还只是一些农作物和简单的手工产品。可是到了尧帝时期，情况又不一样了。

尧帝治国，他教会了生活在水边的人捕鱼，于是发展了渔业；教生活在山里的人种树，于是发展了林业；在水草茂盛的地方教人们养羊，于是发展了牧业；鼓励平原上的人们好好种地，于是发展了农业。

这个时候，人们学会了利用自然环境选择适合的生产劳动，劳动分工就此产生，可以用来交换的产品变得越来越多了。

而到了舜帝时期就更厉害了，舜帝直接发展工业生产，成了中国工业文化的始祖，此事有凭有据，记在司马迁的《史记》里：

舜耕历山，渔雷泽，陶河滨，作什器于寿丘，就时于负夏。

在这段话里，历山，雷泽，寿丘，负夏都是地名。

所以这整段话都是在说，当舜还没有接替尧做部落首领以前，他在很多地方做过很多份工作，以下是他的工作简历：在历山种过田；在雷泽打过渔；在黄河边儿上制作过陶器；在寿丘这个地方制作过各种生产与生活用具。最后，他把这些用具卖到一个叫负夏的地方，由手工业制作者成功转型成了商人。

我是怎么知道他成功转型成了商人的呢？

因为这段话里有一个非常重要的词——就时，说的是舜已经学会了根据季节的不同和价格的差异，在各地奔走交易，以获取更大的经济利益。

顿邱买贵，于是贩于顿邱。传虚卖贱，于是债于传虚。

哪个地方的市场行情好，他就把商品卖到哪个地方去；哪个地方的商品价钱低，他就从哪个地方贷款进货。可见伟大的圣人舜，如果当初没有继承尧帝的位子，那他一定会成为一名出色的商人，这个人太有商业头脑了。

不过一个具备商业头脑的人做领导也是有好处的。毕竟经商，成就的只是他个人，而一旦成为领导人，他推动的可就是全社会的商业了。

南风之薰兮，可以解吾民之愠兮；
南风之时兮，可以阜吾民之财兮。

这是舜帝非常喜欢唱的一首歌。

暮春的早上，舜帝坐在窗前，一边弹着琴，一边唱着这首歌：夏天的风啊，请你快点儿吹来吧。你来了，就把百姓的忧愁吹走了。夏天的风啊，请你快点吹来吧，你来了，就给老百姓把钱送来了。

舜帝的都城在今天的山西一带，当时那里有大片的盐池，只要夏天的南风一来，池岸上就会凝结有成片成片的盐。舜帝组织老百姓炼盐，发展盐业，然后再拿到各地去卖，这不就相当于南风给老百姓送钱来了吗？

所以王孝通先生在他的《中国商业史》里才会说：“后世商人乘时逐利、买贱卖贵，及以信用借贷之事，兴于大舜。”

这话的意思说得再明白不过了，中国商业真正开始全面兴起的时代是舜帝时代，此时距离商朝，还有近千年呢！

商朝之前是夏朝，夏朝是中国历史书上有记载的第一个世袭制的朝代，这个朝代最有名的君主叫桀，是一个以昏庸淫乱而出名的君主。他和商纣王、周幽王经常被当作反面教材。

为什么呢？

因为这三位实在是有太多的相似之处了。第一，他们都是误国之君；第二，全都昏庸残忍；第三，他们都喜欢大美女，周幽王有千金一笑的褒姒，商纣王有妲己，夏桀有妺喜；第四，他们都喜欢过奢靡的生活。

就拿这个夏桀来说吧，在他的宫殿里，仅是能歌善舞的美女就有三万多人，她们每天穿着漂亮的衣服在夏桀面前轻歌曼舞，把夏桀哄得夜夜歌舞升平，天天醉生梦死。

可你知道这么多美女身上漂亮的衣服，都是从哪儿来的吗？

是从一个叫商的地方来的。

那时的商，还是夏朝的一个封国，所以商的君主成汤和夏桀之间，就是臣子和君主的关系。但成汤实在是看不惯桀整天不务正业的样子，于是他的丞相伊尹就给他出了个主意说："不如推翻夏朝，我们自己来管理天下吧！"

成汤一听，正合我意。可那个时候商国的实力还远没有达到可以推翻夏朝的地步。

这可怎么办呢？

伊尹的主意是，想干成一件大事，没有钱做基础是不行的。所以想要推翻夏朝，只有先把经济搞上去。

于是他们就大力发展生产业，当国家有了大量剩余的农产品和手工业产品的时候，再发展商业，走商业兴国的路子。

在这个时候，他们遇到了一个重大的商机——夏桀要给宫里三万多的美女定制工装啦！工装采用的面料要用上等的丝绸，不论价格，只要质量！

这笔订单实在是太大了！

商汤和伊尹当时就决定，不惜一切力量，也得把这个订单给拿下。他们号召全国的老百姓大量生产丝绸，再从这些丝绸里挑选最上等的运到夏桀的宫殿里，以此来换取夏朝的粮食、金属和工业原料。

因为有了丰足的工业原料，商的手工业发展得更快了。手工业发展快了，商业经济自然也就发展得更快，越来越有钱了。

可夏朝呢？

夏朝的国库，全都供了夏桀的吃喝玩乐，早就日渐空虚。所以《管子》里有句话：

昔者桀霸有天下而用不足，汤有七十里之薄而用有余。天非独为汤雨菽粟，而地非独为汤出财物也。伊尹善通移、轻重、开阖、决塞，通于高下徐疾之策，坐起之费时也。

这话有点儿长，但意思很简单。他说凭什么夏朝地广物博，生活用品却总是要靠输入？为什么一个小小的商，东西多得用都用不完？是老天爷偏袒商国吗？

当然不是的。

原因就在于伊尹懂得经济运作，商业兴国，后来他们果然推翻了夏朝，从此中国历史上出现了又一个新的朝代——商朝。但此时如果说，中国商业的起源是从商朝开始的，那这个概念显然是有误差的。

可是为什么大家还都会这么去传说呢？

这大概得从商朝的老祖先亥身上找答案。

亥是商的第七任国君，从他这儿往后数七代，才是成汤推翻夏桀建了商朝。所以说他是商朝的老祖宗，一点儿也不为过。

亥重视农业生产，鼓励老百姓驯养牛马，很快就让商的农牧业得到迅速发展，一时之间竟然出现了牛羊过剩的现象。

这么多的牛羊应该怎么处理呢？

亥想，为什么不用它们去交换别人的货物呢？于是，商的人就经常赶着他们的牛羊，带着他们的剩余产品去以物换物。

这是一支特别活跃的贸易团队，整天走南闯北，人们远远地看见他们就喊："商人来了，商人来了！"

喊着喊着，"商人"这个名词就这么出现了。这些人靠做买卖发家致富，他们虽然钱赚了不少，却一直没有什么社会地位。别人都不说，就说那位帮着秦始皇的爸爸坐上秦国头把交椅的吕不韦，他原本就是个商人，虽然有钱，但没有人看得起他啊，所以他才拼命地想要摆脱"商人"的身份而跻身于官场——

因为商人在那个时候是没有社会地位的。

但这一切，到了汉朝之后就完全不一样了。汉朝初年刚刚经历过战争，无论是国家还是老百姓，日子过得很穷。想要富足，除了发展经济，没有其他更好的选择。

所以刘邦果断决定，让商业尽快发展起来吧，商人在好的商业环境下，可谓赚得钵满盆满，小日子富得流油，连汉武帝这样的一国之君看着都眼红，于是干脆也念起了生意经，开始想如何经商赚钱的事情了。

汉武帝的生意经

看到这个题目的时候，你一定以为我写错了，汉武帝怎么可能会懂生意经呢？他生在皇帝之家，小时候长在皇宫里不缺吃不少穿，长大后就当皇帝，而且一当就是一辈子，没听说他做过生意呀！

要说破这个秘密，就必须要提到《盐铁论》。

当你第一次听到《盐铁论》的时候，你会不会觉得它是研究怎么炼盐、怎么打铁？

反正头一次听到这个名字的时候，我就是这么想的。可看了之后，我发现我错了，这其实是一份会议记录，里面记录着公元前 81 年发生在大汉朝的一场非常激烈的辩论会！

辩论会的正方，以财政大臣桑弘羊为主辩手的商业团队；辩论会的反方，是由一群知识渊博的学者组成的团队；辩论会的主持人，是霍光；本次辩论会的幕后策划，是汉昭帝刘弗陵。

看这阵容，就知道这是一场规格极高的辩论会，连皇帝都亲自出马了。那么他们辩论的主题到底是什么呢？

盐业、酒业、冶铁业，究竟是应该官营，还是应该私营。

所以现在你就应该看出来了，这哪儿是一场辩论会呀，这分明就是一场商业研讨会，研讨的内容是关于盐业、酒业、冶铁业这些特别能挣到钱的行业到底是归国家还是应该归个人。

其实关于这个问题，原本是没有什么好讨论的。当年刘弗陵的祖爷爷刘邦费了那么大气力推翻了秦朝，又灭了楚霸王，才建立了大汉王朝，他深深地感到连年的战争，真是把老百姓坑苦了，各行各业都处于一种瘫痪的状态，别说是挣钱，就连维持基本生存都是个问题。

所以这个时候的刘邦，想起了老子的那句名言——无为而治。关于各行各业的经营，国家能少插手就少插手，也别给老百姓太大的压力，先让他们丰衣足食吧：

汉兴，海内为一，开关梁，弛山泽之禁。

《史记》上说，当刘邦做汉朝第一位皇帝的时候，为了搞活经济，他放开政策，鼓励老百姓尽可能地去开发山林湖海，把能利用的资源都利用起来，尽一切可能去发展经济，争取最大的效益。在这种政策的号召下，各行各业纷纷活跃起来了，农业、手工业迅速发展，市场上的商品大量流通，商人活动频繁，很快，无论是国家还是个人的腰包全都鼓鼓囊囊的了。

都鄙廪庾皆满，而府库余货财。京师之钱累巨万，贯朽而不可校。太仓之粟陈陈相因，充溢露积于外，至腐败不可食。

这段话，是司马迁在《史记》里大炫他们汉朝的财富：大汉朝有钱，钱多得数都数不清；大汉朝也有粮，粮多得仓库里都快堆不下了。

这是从刘邦开始，经过汉文帝、汉景帝这么几代人的努力，最后留给汉武帝一个偌大的家业！

刘弗陵的爸爸汉武帝是一个坐在黄金堆里出生的孩子，他出生的时候，汉朝已经相当富足了。所以打从他还是个小孩子的时候，他就一直不太明白一件事情——我们都这么有钱了，为什么还要害怕匈奴呢？

所以当汉武帝继承祖业做了皇帝之后，他这辈子干的最大的一件事情，就是不停地跟匈奴人打仗，他要把匈奴人打怕了，打服了。

可是打仗需要钱啊，虽然父祖辈留在国库里的钱已经够多了，可也经不住长年累月的战争。终于，汉武帝把父祖辈给他留下的家底全都打光了。

但这个时候的民间，还是有很多富豪存在的。国家还没有动过他们的心思，他们照样做着他们自己的生意，挣着他们自己的钱，过着甚至比皇亲贵族还奢华的富贵日子。

比如桑弘羊他们家，就是洛阳有名的大富商，家里有钱；还有一个叫东郭咸阳的，以盐业起家，资产千金；孔仅，家里有一个冶铁工厂，资本累计巨万。

这些人都是汉武帝时期的大商人，以会做生意而闻名。所以当时就有人给汉武帝出主意说："您不是缺钱吗？为什么不把这些人弄到您身边来呢？他们个个可都是敛财高手啊！"

汉武帝一听，此言确是有些道理。

就这么着，这些大富商摇身一变，都变成了汉武帝的财政大臣。他们从政之后干的第一件事情，就是鼓动汉武帝把那些能赚钱的生意，全都收回到国家的手里。比如盐业、炼铁业、酒业，这都是赚钱的好营生啊！现在，汉武帝打算自己当老板，自己赚钱，把最大的经济效益收进国库里。

以东郭咸阳、孔仅为大农丞，领盐铁事；桑弘羊以计算用事，侍中。

这是汉武帝的商业团队，桑弘羊为团队领导，负责全盘，东郭咸阳和孔仅为执行者，分别负责盐铁的生产与销售工作。他们在各地设立官方机构，选一个地方官来担任这一官方机构的负责人，专门督促生产，最后由国家统一收购，统一销售。

当汉武帝的儿子刘弗陵接了汉武帝的班以后，召开了这次商业研讨会。

这场研讨会召开得异常激烈，双方的辩论各有各的理。商业团队一方，以为把这些行业控制在国家的手里，有利于为国家揽财，充实国库。只有国库里的钱攒得满满的，才能不受外国人的欺负：

边用度不足，故兴盐铁，设酒榷，置均输，蕃货长财，以佐助边费。

他们坚持国家经营这些产业，完全是为了充实军费。这是商业团队的道理。

但学者团队可不这么认为。在他们看来，一心只向钱看会带坏社会风气：

广道德之端，抑末利而开仁义，毋示以利，然后教化可兴，而风俗可移也。

所以，他们的观点是坚决要把这些产业交还给民间。

整个会场你一言我一语，针锋相对，谁也不输给谁。虽然直到最后，主持人也没有宣布这次辩论会究竟哪一方获胜，可结果显而易见的是，商业团队占了上风，毕竟盐业和冶铁业带给国家的经济效益是有目共睹的。

所以这次研讨会的结果，只把酒业的生产与销售放还到了民间。

华夏之邻市场繁荣

把生意做出去，四川人功不可没

今年年初，我们家卧室的床头坏了。我老公说要换张新床，可我一看，整个床架子还好好的，如果就这样扔掉换个新的，有点可惜了。

后来我在网上找了一家修家具的，打了电话，很快，师傅就上门了。

来修家具的师傅大约六十来岁了，是个四川人。他说他们一家子都在陕西做生意。他跟他儿子做家具生意，他老婆跟儿媳妇开了个四川小吃店。

不管走到哪个省份，好像都能看见做生意的四川人。他们勤快，能吃苦，还很懂生意经。关于这一点，我是早在读《史记》的时候，就领教过了。

那还是汉朝初年，有个叫唐蒙的人去了南越。

南越殷勤周到，摆开了盛大的宴席招待唐蒙，酒过三巡菜过五味之后，服务生端上来了一道小食，唐蒙一看，这不是四川产的枸酱吗？

所以我们现在先来说一说什么是枸酱。

据说在四川有一种植物叫作枸，它的果实像极了我们今天的桑葚，酸甜的味道，可以制作成酱，不仅好吃，营养价值还特别高。

但这枸酱在汉朝的时候，属于四川的土特产，那个时候的物流不发达，所以唐蒙想来想去也没有想明白，这四川的枸酱是怎么出现在南越人的饭桌上的。

唐蒙当时心里虽然有疑问，却什么也没有说。可他一回长安，立即找了个四川商人来问：“你们的枸酱都卖到什么地方去了？”

四川商人不敢隐瞒啊，只好实话实说，为了赚钱，他们把枸酱卖到了一个叫夜郎的地方。

夜郎这个名字大家都不陌生，以“自大”而闻名，临近今天的北盘江，也就是珠江流域一带。四川商人把枸酱卖到了夜郎，夜郎的商人又一路顺着江流，把枸酱转销到了南越。

所以，就被唐蒙见到了。

因为会做生意，四川人民的经商之道开始越来越四通八达，可能他们自己都没有想到，这些经商之道，最后竟然还给汉朝指明了方向。

这话就得从张骞说起了。

要说张骞，他的经历也实在是有些坎坷。本来是被汉武帝派往月氏，可谁知刚走半路上，就被匈奴给扣押了。

这一押，就押了十来年。

张骞算是命好的，后来从匈奴逃了出来，他逃到了一个叫作大夏的地方。在这里，当张骞看见一样东西的时候，他的眼前突然就亮了。

张骞看见的不是别的，正是一根产自四川的邛竹杖！

这邛竹杖说得简单点，就是用邛竹制作的拐杖，本没有什么稀罕的。但邛竹却是个稀罕物，除四川的邛崃一带，其他地方根本不长这种竹子。

所以邛竹杖就变得很稀罕了。除了四川，其他地方大概根本找不着。而张骞竟然在一个叫大夏的地方遇见了它。

张骞举着那竹杖满眼的泪花，哽咽着问大夏的人：“这竹杖是打哪儿来的呀？”

大夏的人回答他说："从我们这儿往东南大概走一千来里，有一个身毒，这竹杖是我们从那儿进来的。"

身毒在今天的印度河流域一带，离着四川还远得很呢，怎么会有产自四川的竹杖呢？

原来，那个时候的四川商人早已经打通了与身毒的通商之路，不仅竹杖，还有他们织的布，全都拿来和身毒做交易，身毒再把这些转销到大夏，所以就被张骞看到了。

后来张骞回到长安以后，把这件事情汇报了给汉武帝。汉武帝一听，心里开始打起小算盘了——早就听说西域有很多珍奇的宝贝，我正愁交通不方便，不知道怎么弄到手呢，没想到让这些四川商人走到了前头。

于是，汉武帝就派张骞沿着四川商人的脚步，带上人马和牛羊，开启了探寻之路。

你说，这难道不应该给四川商人记上一大功吗？

夜市不多见，却很亮眼

国庆小长假，女儿的大学同学来西安玩，她们在大唐不夜城拍了好多照片。两人开心极了，回来跟我说，大唐人民可真幸福，每天晚上都这么灯红酒绿的，简直比现代人的夜生活还精彩呢。

我听了赶忙对她们说："姑娘，这大唐不夜城可是现代人建的。真要是回到唐朝去，别说夜生活了，大晚上你走到街上试试看，不给你当成违法乱纪抓起来才怪呢！"

我说这话可不是吓人的。当年白居易在长安当官的时候，就遇到了这么一场官司。有个官员刚刚参加工作，还挺勤奋的，总是害怕工作做不好。于是就想着笨鸟先飞，不如多加会儿班吧！

所以天不亮就爬起来去上班了。

谁知道他刚出家门没多久，就被巡逻的给抓了。

为什么要抓这么一个热爱工作的好青年呢？

因为唐朝实行的是宵禁制度——天黑请在家，没事别在街上乱溜达！这位想早早去上班的好青年出门的时候天还没有亮呢，自然就被抓起来了。

好在他遇到了白居易这位好法官，看在他也是一心为了工作，给了个警告就把他放了。

所以在唐朝，大晚上的还是老老实实在家里待着吧。就算是大白天，想上街买东西，也有规定的时间和规定的地方，想跟现在这样走哪儿都能遇到大商场，那根本就是不可能的事情。因为在北宋以前，中国的城市规划有个最重要的原则，叫坊市制。

坊，就是老百姓的居住生活区，唐朝叫“坊”，汉朝叫“里”。市，指的是买卖东西的地方，像我们现在的市场。

但我们现在的市场，基本都是和老百姓的生活区连在一起的。比如说我们家楼下就有一个农贸市场，市场的两边都是居民楼。老百姓每天早上起床，刷完牙洗完脸，出了门就能在市场上喝豆浆吃油条，填饱了肚子该上班的上班、该买菜的买菜，非常方便。

但宋朝以前的老百姓，生活可就没有这么方便了。

坊市制会把老百姓居住的地方和买东西的地方严格地分离开来，生活区是生活区，商业区是商业区，在商业区以外的地方做买卖属于非法经营，是要受到处罚的，因为市坊制规定了所有的商业活动，都必须在“市”里面来进行。

方市阓（huì）门，周环列肆，商贾居之。

这是记在《三辅黄图》里的长安大市场，它是方形的，四面有墙，每面墙上都有门。

因为有了墙和市门，所以这样的市场并不是全天营业的。像今天的商场一样，它们也有固定的开市时间和闭市时间。距离我家相距不过两站路的地方，是唐朝西市的遗址，当年大唐最繁华的市场就在这里。

当年的大唐西市，每天正午时分，当太阳刚刚爬到头顶的时候，市场里的工作人员就敲鼓，鼓响三遍之后市场的大门就开了。太阳落山以前，听见钲声一响，买东西的老百姓就知道，这是市场要关门了。

所以大唐西市的营业时间是很短的，每天大概也就三五个钟头的样子，市场就关大门了。除非逢年过节，举国狂欢，解除了宵禁制度，老百姓才能高高兴兴地玩上几天几夜。在其余的日子里，大唐的夜色黑漆漆，连个卖烧饼的你都找不着。

所以有的时候，我会觉得唐朝人其实过得还挺憋屈的。

往后，他们比不了宋朝人，宋朝人终于忍受不了那一道高高的市墙，在仁宗朝开始实现了买卖自由。那时候的开封城里，天天晚上灯火通明，是一座真正的不夜城。

往前，唐朝人也比不了汉朝人，汉朝人的市场自早开到晚，每天的营业时间比唐朝能多出一倍。

有书为证：

《汉书》里记载了一个叫原涉的人，此人是个热心肠，最怕看到别人有困难。有一次，他的一位朋友家里办丧事，他去吊唁，发现朋友的妈妈因为伤心过度，病倒了。朋友忙着照顾妈妈，所以治丧的东西一样也没有准备好。

原涉一看这情况，二话不说，朝厅堂里一坐，把要买的东西列了个清单，吩咐张三买蜡纸，李四买棺木，王五买寿衣，不一会儿就把所有的事情安顿停当了。

张三李四王五这些人也不敢耽误，拿了钱赶紧去市场，《汉书》有载：

诸客奔走市买，至日昳（yì）皆会。

这段话里有一个非常重要的时间参照物——日昳，指的是太阳刚过正午，那些人就把该买的东西全都买齐送回了家，可见这市场上午是一定营业的。

只这一点，就比唐朝强，唐朝的市场正午才刚开门！

可如果说，汉朝人的市场不仅开得早，人家还关得特别晚，不知道唐朝人听了会不会更抓狂。

但西汉有个叫孔奋的人，确实证实了汉朝的市场远比唐朝的营业时间长得多。

孔奋本来是陕西扶风人，一家人在长安一带生活得好好的，后来王莽篡位，孔奋觉得长安太乱了，就带着他的妈妈和弟弟避难跑到了河西一个叫姑臧的地方。

孔奋一到姑臧，一下子就爱上了：这个地方远离长安，就远离了战乱；这地方经济繁荣，生活方便，别的都不说，仅是这儿市场的营业时间，都比其他的地方长：

市日四合。

什么叫市日四合？

《周礼》上有解释说：

大市日昃而市；
朝市朝时而市；
夕市夕时而市。

这话的意思是说，古时候的市场交易有三个高峰期，最繁忙的应该是大市，在午后两三点钟的时候；还有一个是早市，在早上；另一个是夕市，在傍晚。这叫“一日三合”。

可姑臧这个地方，怎么会出现一日四合的市场现象呢？很有可能，他们在那个时候就已经开始摆夜市了！

说起汉朝的夜市，就不得不提我们陕西的彬县了。

这个小县城隶属于陕西省咸阳市，离我家开车大概就一个多小时的路程。你别看它现在没有啥名气，可来头却大着呢。当年周朝的老祖宗就是打这儿起的家，所以《诗经·国风》里有一部《豳（bīn）风》，唱的都是彬县这地方几千年以前流传过的古老的歌。只是这地方太古老了，古老到现代人都不大会写它的名字，所以就把“豳”字改成“彬”字了。

但在《说文解字》里，“豳”字依然保留了“周太王封国”的解释。许慎尤其强调说，在汉朝，豳地还有一个美阳亭，当时老百姓每天晚上就在这亭子周围做买卖：

> 豳，美阳亭，即豳也。民俗以夜市，有豳山。

这有据可查的汉朝人的夜市，并不多见，但真实存在。

所以，如果此时正有彬县的朋友在读我的这一篇文章，那恭喜你，你真的可以好好地骄傲一下了。毕竟在汉朝，夜市可不是那么普及的，而唯有豳亭这地方开夜市，可见那个时候，彬县的经济得有多繁荣了！

走，到大汉朝逛街去

前面我们说汉朝的市场比唐朝的还热闹，能从早上一直开到晚上，那你现在一定很好奇，这远在两千年外的汉朝大市场里都会卖些啥商品呢？

这么说吧，只要你不买手机、电视、笔记本这些新世纪的玩意儿，凡是能满足大汉朝居民生活的一切必需品，就没有你买不着的。

这里有王莽他们家过日子的实例：

籴食逮给，物物卬市，日阕亡储。

这是一个叫陈崇的人给王莽拍马屁时说过的一句话。意思是说，别看王大人都当了那么大的官了，可他家里所有的日用品，不管是吃的用的，都是从市场上买来的。

这话现在听起来感觉像是句废话，那他不从市场上买，难道还要自己生产加工不成吗？

对的，这话的意思，夸的就是王莽从不自行生产加工日用品，他一不做工，二不经商，不像汉武帝当年那样的与民争利，王莽家里的东西全都是从市场上买来的。

所以这话真的就是夸王莽的，但这话也说明了在当时的市场上，一个家庭所用的一切日用品都是可以买到的。

比如吃的。

在《盐铁论》里，学者团队一方说，当时汉朝的民风已经不像古时候那么淳厚了。古时候的人生活很简单，随便在家里做点吃的能填饱肚子就好了。可到了汉朝不一样了，汉朝人很讲究吃喝，还懒得不行，自己不下厨，全都在街上买熟食吃。所以这位辩论手说“今熟食遍列，殽施成市”，指的就是当时街上到处都是卖熟食的。

这些熟食都有哪些种类呢，他列举了好多：

今熟食遍列，殽施成市，作业堕怠，食必趣时，杨豚韭卵，狗䐿马朘，煎鱼切肝，羊淹鸡寒，挏马酪酒，蹇捕胃脯，胹羔豆赐，㲉膹雁羹，臭鲍甘瓠，熟粱貊炙。

从这位辩论手列举出来的内容看，有菜有肉，有米有酒，但显然肉食占了一大半。这是汉朝饮食市场的一大特点：能在市场上买吃食的大部分都是有钱人。穷人自己在家里吃点儿野菜、熬点儿稀粥就可以打发了，但有钱人不行，他们要吃肉，还要喝酒，所以就有了一个词叫“屠沽成市”。屠，指卖肉的；沽，指卖酒的。这两个行业占据汉朝饮食行业的龙头，属于热门中的热门。

在这位辩论手的辩词里，提到一种叫作“胃脯”的食品，我在《史记》上读过。说汉朝有位姓浊的生意人，开了间铺子，专做胃脯生意，每天来买的人多得不得了。

那么什么是胃脯呢？

这其实是汉朝的一种小吃，做法是把羊肚煮熟了，拌上五味调料以后再晾干，就成了一道汉朝人的小零食了。

在《史记》上，除了零食，还能找到汉朝的饮品店。不过，那个时候，他们把卖饮品的叫“卖浆”，这绝对是个小本生意，很低微的，所以“引车卖浆”这个词从来都是形容没有什么身份的人。

而至于主食里的王者——饼，那就更是随处可见了。

前面我们说过，刘邦刚当上皇帝那会儿，把他爹从老家接到长安，想让他爹跟着他一起过好日子，可谁知他爹在长安却怎么都高兴不起来。

刘邦一问，知道了，老爷子想玩了，想玩斗鸡和蹴鞠。

可光玩他还觉得不够，他还想那些跟他一块儿吃肉喝酒的小伙伴：

> 以平生所好，皆屠贩少年，酤酒卖饼，斗鸡蹴鞠，以此为欢。

这个刘老爷子确实会生活，屠贩，酤酒，还有卖饼的摊子，估计他老人家当年都没少光顾过。

除了这些，汉朝的市场也卖生活必需品，比如做饭的甑。有个特别有名的故事叫孟敏堕甑，说汉朝有个叫孟敏的人有一天去市场买了一只做饭的陶瓶，可走着走着，一不小心打破了。

这要搁一般人，肯定得站在那儿难过好一阵子，可谁知道孟敏居然头也不回地就走了。

有人叫住他说：“喂，你的瓶摔地上了。”

他呢？摆了摆手，给人家来了句：

甑已破矣，视之何益。

都已经摔破了，还看他干吗？那不浪费时间么！

虽然孟敏对于从市场上买来的陶瓶并不怎么心疼，但有人却对市场上的书，看得比命都珍贵呢！

你没有听错！汉朝的市场上，早就有书店了，而且，那个时候的书店就跟现在的书吧一样，只要你安安静静地读书，不打扰别人，基本上可以把书架上的书看个遍。放心，汉朝书店的老板很大度的，绝对不会赶你走。

大史学家荀悦小时候就曾遇到过一个这么好的书店老板。

荀悦爱读书，可家里特别穷，没有那么多的钱给他买书读，所以他只要一有空，就到市场上的书肆里去，把书架上的书一篇一篇地拿来读。慢慢，他竟然养成了过目不忘的本事，把念过的书全都记在脑子里了。

除了吃的、喝的、用的、学习的外，汉朝的大市场上还有很多商铺，比如治病的药店、卖笔墨纸砚的文具店，等等。

这么多的商品买卖，一下子勾起了我的购买欲，特别想到汉朝的大市场上去逛上一逛。只是不知道，逛一回汉朝的大市场，口袋里需要准备多少钱呢？

逛街必备，首选是钱

小钱钱成长史

对于生长在21世纪的我们来说，想要回到大汉朝去逛回街，需要带上多少钱这个问题恐怕还在其次，关键是，我们需要带上什么样的钱?

那么汉朝人用的钱，究竟是什么样子呢?所以接下来，我们先来聊聊钱。

钱是交易的衍生品，远古的时候人们做交易是不需要钱的。我有一条鱼，你有一斗米，又恰好我想要你的米，你想要我的鱼，于是成交，咱俩换。这叫以物换物的交易。

可是后来有一天，你想要我手里的鱼，但你手里没有米，可你还是想要我的鱼，那怎么办呢?

你找一样东西押在我这里，等什么时候你手上有米了，我再拿这样东西去你家里换。

可押什么好呢？

贝壳！你给我几个贝壳，我就把这条鱼给你，下回你家有米了，我再拿这几个贝壳去换你的米。

这贝壳就成了最早的货币。所以在今天的汉字里，很多跟交易钱财有关的字，都带“贝”字旁：货，贷，财，账，购，赊，资……太多了。

但奇怪的是，唯独“钱”不是带“贝”字旁的，“钱”是金字旁！这大概是因为后来开始用金属制造钱币，贝壳慢慢地就退出经济舞台了。

春秋战国时期，列国都有他们各自的金属货币，而且样子千奇百怪，各领风骚：齐国是刀币，晋国是铲币，秦国用的是外圆内方的方孔钱币，也就是我们后来说的孔方兄。

秦始皇统一天下之后，废除了其他货币，大家都用方孔圆钱，这在当时叫作“秦半两”。

后来刘邦做了皇帝以后，依然沿用了秦朝的方孔圆钱，但他又觉得秦朝的钱币制造得太厚太重，不好用，就让民间铸了一种比较轻便的钱币。

这下坏了！

老百姓自己铸铜钱，偷工减料的大有人在。所以在很长一段时间里，大汉朝的市场上流通的货币又轻又薄，中间的方孔大到恨不能把钱掏空了，有的人甚至还在铸钱的时候混入了铅和铁。这样低质量的钱流通到市场上，本来一个钱能买一个烧饼的，现在，十个都不一定能买到。

于是通货膨胀，物价飞涨！

所以到了刘邦的儿子汉文帝时期，有个叫贾谊的书生实在看不下去了，他给汉文帝建议说，赶紧收手吧。

可汉文帝不听，照样放任他最喜欢的大臣邓通开山凿矿、铸造铜钱。

谁是邓通呢？

邓通是汉文帝时期的一个高级官员，可家里的钱却比王侯还要多。这事虽然听上去有些不靠谱，却是真的。

关于这件事情，还得从汉文帝的一个梦说起。

有一天晚上，汉文帝做梦，梦见自己马上就要登到天上去了，可只差一步，无论怎么努力，就是上不去。

就在这个时候，忽然有人从背后推了他一把。他回头一看，此人穿一件短上衣，衣带还在背后打了个结。

就在这个时候，汉文帝突然就醒了。

他想，那个能帮我升天的人到底是谁呢？

于是，汉文帝就天天在宫里找。有一天，突然看见了一个人，也穿一件短上衣，衣带也在背后打了个结，和他梦里见到的人简直一模一样。

汉文帝赶忙叫过来问："你叫什么名字啊？"

此人答："邓通。"

从此，邓通就跟在汉文帝身边过上好日子了。

有一天，宫里来了一个算命的，这算命的一见邓通直摇头，说邓通将来一定会被饿死的。

汉文帝听了哈哈大笑："怎么可能？邓通怎么可能会饿死！有我在，我要让他一辈子钱多得花都花不完！"

于是汉文帝就批了几处铜山给邓通，让他在那儿采铜、烧炭、铸钱，就跟开了个印钞厂似的。

你说，邓通能没钱吗？

可惜花无百日红，汉文帝死了之后，他的儿子汉景帝即位。汉景帝早就看邓通不顺眼了，所以一当上皇帝，干的第一件事就是把邓通的铜山没收了，还没收了他的全部财产。可怜这位曾经富甲天下的大富翁，一下子变得跟乞丐一样，身无分文，最后真的应了那个算卦的话，饿死在街头了。

但事实上，汉景帝虽然没收了邓通的造钱厂，但他并没有废除民间造钱的制度。直到他的儿子汉武帝即位，经历了好几次货币改革之后，终于，五铢钱隆重出场了。

为啥要叫五铢钱呢？在解释这个名词以前，我得先来说说这个“铢”。

“铢”是古时候的计量单位，很轻，五铢钱之所以叫五铢钱，就是因为它的重量只有五铢。按现代学者的说法，一铢相当于0.65克，那一枚五铢钱的重量，不过3.25克。

但它的样子却是相当精致,表面光滑,成色纯正,重量准确。而最重要的是，从此钱币的铸造权归国家所有，个人想造钱，等待你的只能是律法的制裁：

民犯铸钱，伍人相坐，没入为官奴婢。

如果我们去逛汉朝的大市场，有很大的可能性，带的都是这种五铢钱。它独霸中国金融界长达七百多年的时间，直到唐朝出了个开元通宝之后，五铢钱才算是正式退休。

所以，撇开远古时期的贝壳不说，五铢钱应该算是中国流通货币里工龄最长的一位了。

逛街，你的钱包做好准备了吗

现在来说逛一趟大汉朝的市场，需要带多少钱才够？

其实这是个量入为出的话题，你挣得多，就花得多；你挣得少，当然就不敢见啥买啥了。

像我这样一个平民老百姓，就算回到了汉朝，大概能赚到的薪水，最多也不过像东方朔刚参加工作那会儿，一个月二百四十钱的收入。虽然东方朔确实以为这是个非常低的收入水平。但即便是收入这么低，我还是爱逛街买东西，而且一上街，首先想花钱的地方，就是吃，尤其是肉，我是个无肉不欢的人。

就是不知道，汉朝的肉贵不贵？

在《九章算术》里，我找到了这样的一道方程题：

今有共买豕，人出一百，盈一百；人出九十，适足。问人数、豕价各几何？

这道题其实我们小时候都做过。说有几个人合起伙来买一头猪，每人出一百钱，就多了一百钱；每人出九十钱，刚刚好。问，几个人合伙买的这头猪？这猪又卖多少钱？

这是个一元二次方程组，解出来的答案是一共十个人，这头猪卖九百钱。

所以这样看起来，我去市场上买头整猪的希望是非常渺小的，得不吃不喝干上好几个月才可以。事实上，我也不需要买一整头猪，买上一斤肉解解馋就足够了。

可一斤肉在汉朝又卖多少钱呢？

好在，甘肃出土的《敦煌汉简》里有许多账本上都记录了肉的价格。其中有一条说：

买肉廿三斤，直钱二百七。

花了二百七十钱，买了二十三斤肉，一斤肉不到十二钱。

这个是绝对可以有的，以我这微薄的收入，虽然不敢保证天天有肉吃，一个星期吃一次，还是可以吃得起的。

那么其他的日子里呢？当然就只能吃素菜了。所以得赶紧来看看菜市场的价格：

姜，四两，二钱七分直。

四两姜卖二钱七分。

这突然就让我想起了前几年，西安市场上的姜价飙升，一斤卖到了二十块。现在看这张汉朝的账单里记录的姜价，四两就得二钱七分，汉朝是十六两秤，那一斤至少也得十个钱，够贵！

好在，韭菜还能买得起：

出十八，韭六束。

虽然不知道这一束韭菜的斤两，但十八钱的价格还是可以接受的。不过更让我欢喜的是葱，这个真是太便宜了：

葱，一石直百。

在汉朝，一石葱是一百二十斤，才卖一百钱，平均一斤不到一钱的价格，可以多多地囤起来，没钱买菜的时候，烧饼就大葱也是个不错的选择。

好了，现在有菜有肉，接下来，是不是得来点儿酒呢？就是不知道，以我这收入，到底喝不喝得起酒呢？

按《九章算术》上的酒价：

醇酒一斗，直钱五十；行酒一斗，直钱一十。

醇酒是上等的好酒，有点贵，喝一斗就得五十钱。还是算了，喝差一点的行酒吧，也就十个钱，咬咬牙，喝上三斗五斗的，也不是个啥问题。

哇，前面有个服装店，到底应不应该进去转一转呢？

走上前去看了看标价，我放弃了！

神爵二年十月廿六日，广汉县廿郑里男子节宽惠卖布袍一，陵胡隧长张仲孙所，贾钱千三百。

这也是记在《敦煌汉简》里的又一个账单，说的是有个男子出售了一件布袍，售价一千三百钱！

这也太贵了，快顶我半年的工钱了，就不能卖得便宜一点吗？

有，这儿还真有件比较便宜的：

皁襜褕一领，直千四百七十；複襦一领，直六百；绛单襦一领，直二百九十。

再瞧瞧这张价单，襜褕一件，值一千四百七十钱；夹袄一件，六百钱；最便宜的是单衣，一件二百九十钱！

我默默地伸手摸了摸我的钱包，轻轻地叹了口气，又默默地离开了。

看起来，像我这样的打工人若是真回到汉朝，还是自己织布，自己缝衣吧。

因此，逛趟汉朝的大市场到底需要带上多少钱，是由你的经济收入决定的。不过最后我还是想提醒你一件事情，那就是在汉朝的大市场里买东西，千万不要忘记自带讨价还价的本事，别人家朝你要多少钱，你就付给人家多少钱，除非你遇到了韩伯休。

谁是韩伯休呢？

这人是个在汉朝大市场里卖药的，他的药都是他亲自到山里采来的，药效非常好。所以，这个人卖药就有个特点——不二价！

有一天，来了个姑娘要买药，姑娘不认识韩伯休，只问药的价钱。

韩先生报了价，姑娘一听，有点儿贵，于是随口就说："便宜点儿呗。"

韩先生也不说话，只给姑娘指了指他的招牌——不二价！意思是他的药从来不还价。

姑娘一看，小嘴撇了一撇，酸酸地撂下一句话："你还不二价？你当你是韩伯休呢！"

可见当时的汉朝市场上，不讨价还价的商品太少了，大概也就韩伯休的药不议价，所以才会被姑娘记得这么牢。

第六章　坠入汉家烟火气

五谷争宠小麦胜

前段时间，我有一位作家朋友写了一篇文章，叫作《来》。在这篇文章里，她说，小麦其实并不是土生土长的中原作物，它是一个舶来品，所以，它早先的名字，就叫“来”。

这倒让我惊讶了，难道说，被我们吃了那么多年的小麦，竟然是个“外来户”？

我赶忙查了资料。果然，在《诗经》里就有“贻我来牟，帝命率育”的句子。意思是说，你给了我们小麦和大麦的种子，让我们来好好地培育它们。“来”指的小麦，“牟”是大麦。

果然，古时候的小麦，真的叫作“来”！

但其实，麦子刚到我们中国的时候，老百姓一点儿也不喜欢它，都觉得它实在是太难吃了。

那时我们的祖先还处在“粒食时代”，他们吃谷子、吃稻米，全都是一粒一粒的。

比如说脱粟饭。

东汉的时候有个叫朱宠的人，是个勤俭廉洁的好官，从来不贪不占，就凭一点儿死工资过日子。

有一天，皇帝发现，这个朱宠的伙食太差，导致营养不良，上班都没有精神了。于是就想赐给他些好吃的，可朱宠说什么也不要。

他说，他就喜欢每天回家吃他的脱粟饭。

不受锦被、粱肉之赐，而食脱粟饭。

什么是脱粟饭呢？

说白了，就像是我们今天的小米饭。皇帝觉得朱宠天天吃小米饭没营养，就赐给他粱和肉，想让他改善一下生活。

这里的肉好理解，那什么是粱呢？

可以肯定的一点是，粱一定比粟强。虽然它们同属于谷物，但至少比小米要高级，不然皇帝不会赐粱给朱宠改善伙食。史书上说，当年东方朔就曾在汉武帝面前讨要过粱作赏赐：

愿赐美酒粱饭大飧臣，臣乃言。

这话的意思是说，你不给我美酒跟粱饭，我啥话也不想说！

当然要说起来，东方朔的心还不算十分沉，如果他敢朝汉武帝要“䆃”吃，那才算他胆子大呢。

䆃，司马相如说它“一茎六穗，瑞禾也”，属于稻中极品。

在汉朝，盛产禾稻的地方每年要挑选最上等的稻子进贡给皇上，朝廷里会安排官员负责具体的收集筛选工作，然后再把这些禾稻中的精品选出来做成䆃。

所以我说䆃是稻中极品，一点儿也不夸张，它是精挑细选又再加工出来的。

无论是粟、梁还是稻中极品的粱，打从几千年以前直到现在，我们都没有改变过它们的食用方式，熬小米粥、蒸大米饭，它们在我们的碗里锅里，始终是一粒粒一颗颗的。

所以麦子来到中国后的很多年里，我们的祖先也都学着食用稻谷的方式去吃麦粒，或蒸或煮，但总是粗而无味的。于是在很长一段时间里，大家都不喜欢种麦子。

直到有一天，人们终于发现了麦子的另一种吃法——原来它是可以磨成粉的！

于是，他们就拿磨成粉的麦粒做麦饭！

听了这名字，陕西人多半儿都会很兴奋。每年春天，槐花盛开的时候，陕西人喜欢用面粉和了槐花，上锅蒸好，拌上蒜泥，再用热油泼了，那个味道吃起来，既有花的新鲜香气，又有面的筋道柔软。陕西人把这种饭就叫作“麦饭”，确实很好吃。

难道汉朝人就会做这么好吃的麦饭了吗？

关于这个问题，看一看当年的刘秀就知道了。

那时的刘秀还没有做皇帝，他正带着一班兄弟出生入死，打算光复祖宗基业。有一天，他们走到一个叫南宫的地方，天上突然下起了大雨。

好冷，好饿！

正在此时，刘秀发现了路边有一间空房子，正好可以用来避雨做饭。

负责做饭的是一个叫冯异的人，他给刘秀做的正是一碗汉朝的麦饭。但这麦饭跟陕西人今天吃的槐花麦饭可差远了，他们是把麦子磨成粉以后和麦皮一块儿混着蒸了吃。

麦皮是什么呢？关中人把它叫麦麸，我小的时候在乡下，外公喂猪的时候，就用麦麸做饲料的，家里什么吃的都没有的时候也会拿来做饭。

妈妈说，实在是粗得难以下咽，太难吃了！

汉朝人的厨房不寂寞

一饼二饼三饼，熟了

和面为剂，塑成人头，内以牛羊等肉代之，名曰“馒头”。

这是《三国演义》中的一句话，介绍馒头其实是诸葛亮发明的。但事实真是如此吗？毕竟《三国演义》只是文学作品。但有一点可以肯定的是，在诸葛亮之前，汉朝人已学会了将小麦磨成粉做成各种面食。

有书为证：这本书的名字叫作《四民月令》，作者是东汉一位叫崔寔的人。崔寔在他的《四民月令》里写了这样的一种面食：

寒食以面为蒸饼样，团枣附之。

这种叫作蒸饼的面食，跟馒头有着同样的特点：第一，都是用面粉做的；

第二，都是圆圆的形状。

所以这里的蒸饼，基本就可以断定是后来的馒头了。就是不知道汉朝人为什么会管它叫作“饼”呢？

这个不奇怪，因为在古人的眼里，所有的面食都是饼。别说是汉朝，即使到了宋朝，武大郎满街吆喝着“炊饼、炊饼”的时候，从笼里取出来的，不照样是馒头吗？电视上演《水浒》的时候，还有好多人笑话剧组怎么连馒头、烧饼都分不清呢。

其实，是我们现代人分得仔细了。在古人的眼里，只要是用面做成的食物，那都是饼。不然，曹丕请何晏吃的汤饼，又该是什么呢？

何晏是位颜值极高的小帅哥，皮肤很白，跟抹了粉似的。但何晏总觉得很冤枉：“我明明天生就是这么白的，为什么非要说我抹了粉呢？”

可曹丕就是不相信，一个大老爷们，不抹粉咋能长那么白。看起来，非要找个办法来揭穿他不可！

于是，曹丕决定在三伏天，热得坐在那儿啥也不干都满脸是汗的日子里，请何晏吃热汤饼，吃得他汗跟雨似的下，就不信他脸上的粉不给抹花了！

可是，何晏吃得身上都被汗水浇透了，也没见他脸上的粉变花了，反倒是热得白里透着红，好看得不行。

曹丕不信，用毛巾把何晏的脸擦了又擦，果然没有抹过粉，原来他真的天生就是这么白。

曹丕服了！可怜自己这大热天的，还陪着何晏吃了一碗热汤饼。

啥是热汤饼呢？

答案是热汤煮的面食。试问，哪块饼能把人吃得大汗淋漓，跟洗了个澡似的？

所以，到了宋朝的时候，就有个叫黄朝英的人总结说：

凡以面为食具者，皆谓之饼，故火烧而食者，呼之为烧饼，水瀹而食者，呼为汤饼，笼蒸而食者，呼为蒸饼。

蒸出来的叫蒸饼，下水煮了的叫汤饼，用炉火烧出来的，当然就是烧饼了。

可是，如果你回到了汉朝，跟汉朝人提“烧饼”，他们一定一脸蒙：什么是烧饼？不知道啊！

因为在汉朝人的眼里，那种用火烧出来的饼，并不叫烧饼，而是叫“胡饼”。

史书上说，因为汉灵帝特别喜欢吃胡饼，所以京城里到处都是卖胡饼的。而至于《英雄记》里那位慷慨救助吕布的王进先，更是送了一万个胡饼给吕布的军队。这看起来，胡饼在东汉时就已经很是平常的食物了。

《释名》上说：

胡饼，作之大漫冱也，亦言以胡麻著上也。

胡麻是张骞当年出使西域时带回来的一种麻，为了区别于咱们中原本土的麻，就叫它胡麻，说白了就是我们今天的芝麻。

烤得焦黄的烧饼上撒些芝麻，这就是汉朝人的胡饼。论起它的年纪，可比大唐西市里的胡饼早上好几百年呢！

大汉朝的干饭人

听我前面说了好多的面食，一位南方朋友有些不乐意了！第一次来西安的时候，我请她吃面，吃完之后，她还在等饭。

我说：“我们已经吃完饭了呀。”

她说：“没有呀，还没有上主食呢。”

在我这位南方朋友的眼里，无论宽面细面、干面汤面，那都不是饭。她要等的，是一碗香喷喷的大米饭。

是呀，在中国，还有一大半的人是爱吃米饭的。

那汉朝人吃米饭吗？

汉朝人当然吃米饭，而且他们米饭的花样可多呢。比如说他们的干饭，就是一种用米做成的饭。

史书上说，在东汉有一个清官叫左雄，此人一生清廉，被派到冀州去做地方官的时候，一心都扑在工作上，平时连饭都顾不上给自己做，所以天天吃干饭：

不举烟火，常食干饭，十日一炊。

汉朝人的“干饭”，指的是一种干粮，把米蒸熟，晒干，存起来，可以一连吃上好些天。所以左雄才“十日一炊”，可见他的工作有多忙！

当然，我这样说，你可不要把干饭理解成政府官员的工作餐。它其实像今天的方便面一样存在于汉朝老百姓的厨房里，因为携带方便，又易于长时间存放，所以特别适合外出旅行、临时充饥，或者是像我这样懒而厨艺不精的人。

但毕竟汉朝人的干饭，和我们现在的方便面一样，是不能多吃的。方便面吃多了对肠胃不好，干饭要是吃多了，搞不好就能吃出人命来。

有一天，我在家里翻闲书，看到刘秀起义的故事，说当时有个叫隗嚣的人，本是跟王莽一伙儿的，后来被刘秀的部队赶得落荒而逃，因为太饿了，暴食了一顿叫作“糗”的东西，一下子就撑死了。

“糗”就是干饭的一种。把粳米晒干，捣碎，再磨成粉，就可以做成“糗”了：

取粳米汰洒作饭，曝令燥捣细磨，粗细作两种折。

这是《齐民要术》里对“糗”的解释。在同一个词条里，还提到了一种叫作“糒（bèi）”的食物。它和糗看起来十分相似，只是在研磨的精细程度上有所区别：粗磨的叫“糗”；细磨的叫“糒”。

但无论是粗磨的“糗”，还是细磨的“糒”，看起来都挺难消化的。

有个故事说，有一年，王莽打算到基层去检查工作，但他又不是个爱占小便宜的人，所以在临出发前就交代手下人说：“把粮食都带好，到了下面，不要打扰地方上的人。”

手下人问：“我们带些什么粮食好呢？”

王莽想了想，说：“就带糒和干肉吧。”

手下人一听，不乐意了，纷纷上奏说：

春秋尊，非糒、干肉之所能堪。

意思是说，王莽年纪大了，这些东西哪吃得消呀？可见就算是细磨了的“糒”也是不易消化的，它并不适合年纪大了的老年人。

那么老年人吃什么最合胃口呢？

我小时候常听我祖母讲一个故事，说古时候有一户人家，因为特别穷，每日里只能熬些稀粥充饥。可这家的儿媳妇又特别孝顺，她每次熬好粥以后，都是捞干的给婆婆，自己只喝些清汤寡水的米汤。

结果，奇怪的事情发生了。

吃干的婆婆，越来越瘦；喝稀的媳妇，倒是白白胖胖，脸色红润。于是邻居们纷纷说这个媳妇不孝顺，虐待她的婆婆，其实真是冤枉这个媳妇了。她不知道，她每天给婆婆吃干的，她自己只喝稀的，这看似孝顺，可是真正的营养，恰恰就在她自己喝的米汤里。

多喝稀粥其实是对身体很有好处的，尤其适合老年人。所以在汉朝，就有了这样的一条律法：

年始七十者，授之以玉杖，餔之以糜粥。

这是汉朝的“授粥法”，规定老人只要过了七十岁，国家每年都会给他们发一枝玉杖，杖头上装饰着一只鸠鸟，据说这种鸟儿不管吃什么都不会被噎着。可尽管如此，国家还是很慎重，尽量让老年人喝煮得烂烂的粥，既有营养，还好消化。

可见粥能养生的道理，汉朝人早就领会得很深刻啦！

干饭不干，副食做伴

汉朝人的伙食除了各种的面食和米饭之外，花样还有很多。

比如说豆饭。

古人把豆称作“菽”，《诗经》里经常可以见到这个字，说“中原有菽，小民采之”。采来干什么呢，当然是做饭了。一直到了汉朝，菽依旧是老百姓餐桌上的家常饭。

还记得那位给刘秀做过麦饭的冯异吗？那几年，他们四处奔波，也没啥好吃的，冯异除了给刘秀做麦饭外，最拿手的就是豆粥——用豆熬成的饭。

再比如雕胡米饭。

雕胡饭是在唐朝出名的，因为大诗人李白写过“跪进雕胡饭，月光明素盘”的诗，从此让雕胡饭声名大噪。但其实，这饭汉朝人也早就吃上啦。

《西京杂记》上说：

菰之有米者，长安人谓之雕胡。

菰是生长在水中的一种植物，结的籽就是雕胡米。据《西京杂记》记载，当年的太液池边种满了雕胡，可见汉朝人也早就知道种它了。

除此以外，汉朝人也吃稗饭。

稗是一种杂草，有一个词叫“稗史”，指的是相对于正史之外的野史，可见稗本不是什么能登上大雅之堂的食物。可偏偏它结的籽无论煮着还是蒸着都特别好吃，所以汉朝人也就拿它来当作粮食了。

其实在汉朝，好吃的东西还有很多，只是我们这样讲来讲去，讲的全都是主食。所以这会儿，那些排在厨房里的副食伙伴们，都已经急不可耐地想要纷纷亮相啦。

首先亮相的当然是“二师兄”。

猪肉出现在汉朝人的餐桌上并不是什么稀罕事。还记得《鸿门宴》里的那个“带剑拥盾入军门”的樊哙吗？一听说刘邦可能有危险，横冲直撞地就进了宴会厅。

项羽看见来了这么一个大块头，赶忙吩咐，“赐之彘肩”。

彘肩，就是我们现在常说的猪肘子。

樊哙是一介武夫，爱吃肉那是一定的。可是，在大学问家仲长统向往的清居生活里，依然也离不了肉：

嘉时吉日，则烹羔豚以奉之。

豚，指的是猪肉，羔，指的是羊肉。这是仲长统的理想生活，逢个好日子，就杀猪宰羊，以宴宾朋。

比起猪肉来，羊肉似乎更为鲜美，所谓的“羊大为美”，说的是中国的美学起源。在某个祭祀庆典上，有人咬了一口鲜嫩的羊肉，直叫着“美”。那是真正的感观上的愉悦享受，羊，吃起来就一个字——美！

所以到了汉朝，只要有钱，人人都想吃口鲜羊肉：

今富者逐驱歼罔罝，掩捕麑鷇，耽湎沉酒铺百川。鲜羔𦍩，几胎肩，皮黄口。

这是记载在《盐铁论》里汉朝人的肉食种类，他们捕鱼、猎鸟，吃鲜羊肉、小猪仔，简直就是无肉不欢。

就是不知道为什么，这里没有提牛肉。

说起牛肉，我忽然想起我在丰子恺先生的《护生画集》里见过一幅画，画着牛棚里一只又瘦又老的牛双膝跪在地上，对着主人不停地在掉眼泪。而他的主人则一手叉腰，一手拿着锋利的匕首，正要准备要杀牛。

在这幅画的旁边，是丰子恺先生的老师弘一法师题的一首诗：

吾不忍其觳觫，无罪而就死地。

牛有什么错呢？为了你家人能有口饭吃，它辛辛苦苦地给你家耕了一辈子的地。现在它老了，干不动了，你还要来吃它的肉。

多残忍啊！

所以在中国历史上，大约是从南北朝时起，历代都有禁杀牛令。

《西京杂记》就记了刘邦的一件前尘往事，说他当年还在泗水当亭长的时候，要送一批民工去骊山给秦始皇修陵墓。临出发以前，刘邦有一位老朋友来给他送行，当时，请他吃的是鹿肚子和牛肝。这可信吗？

据说刘秀第一次见到第五伦的时候，就感觉此人与众不同，所以特别器重他。而第五伦也果然不负圣望，在地方做官的时候一直都心系百姓，作风清廉。他不仅关心百姓疾苦，甚至连为百姓耕地的牛都十分关怀。所以就曾出台过一项地方政策：

有妄屠牛者，吏辄行罚。

所以，还是来点既新鲜又便宜，绿色环保的蔬菜吧！

冬葵温韭，浚茈蓼苏，丰薷耳菜。

这是《盐铁论》里列举的汉朝人餐桌上的时令蔬菜，有冬葵，有韭菜，有木耳，还有各种的菌类。只是，这里还是忽略了汉朝人最爱吃的一样蔬菜。

是什么呢？听完这个故事你就明白了。

说东汉末年，有个北方人到南方的吴地去，吴人请他吃饭，端上来了一道菜，北方人不认识，便问："这是什么呀？"

吴人回答说："这是竹子呀！"

北方人尝了一口，哇，清脆爽口，真是难得的美味！

于是回到家以后，放下行李就去拆他家的竹床，一边拆还一边给他老婆说："看我给你做道好菜。"

可是，竹床也拆了，竹子也煮了，却怎么也煮不出他在吴地时尝的那道美味。

难道是吴人在骗他吗？

当然不是的。因为吴人招待他的并不是竹子，而是竹笋。

没错，笋，其实也是汉朝人餐桌上的一道菜，只是南方居多，北方怕是并不常见。所以史书上才说，东汉名将马援大将军到了南方以后，竟认不得冬笋。

因为马援将军是关中人，他只喜欢吃北方的食物，至于这南方的笋，自然就很难对马大将军的胃口了！

但淮南王刘安就不一样了！

刘安也是位出生于北方的汉子，他是汉武帝的亲叔叔，被封了淮南王以后，从长安迁到淮南。刘安到淮南后，发现当地人特别喜欢喝豆浆，于是马上就入乡随俗地爱上了。据说有一天早上，他正一边喝着豆浆，一边跟他的道友们研究炼丹的秘诀，突然，一碗豆汁不小心洒在炼丹炉上，立即凝结成了弹弹软软的一块，看上去十分鲜美。

刘安好奇，让手下人拿起这一块东西尝了尝，哇，竟然别是一番美味！从此，豆腐横空出世了。

如果这个传说是真的，那么汉朝人的餐桌上，从此就又多了一道美食——又鲜又白的嫩豆腐！

没有炒菜的日子里，活出滋味来

谁说没有锅就做不成好吃的饭

前面聊了汉朝人的伙食，这又有肉又有菜的，一下子就勾起我的食欲，你是不是也跟我一样感觉肚子饿了呢？那就生火，架锅，咱们好好来炒几个菜吧！

等等，突然想起来，我们现在是在汉朝人的厨房里，想要炒盘菜，可能会有点小困难——因为满厨房也找不着一滴炒菜的油！

这在汉朝，的确是个大问题。

别看我们现在下班回到家，无论炒个菜还是烧个肉，都好像平常得根本不值一提。但你要是跟汉朝的一位家庭主妇说“给我炒盘青菜吧”，大概她压根儿就不知道你在说什么。因为在汉朝主妇所有关于厨房的操作里，根本还没有出现过“炒”的概念！

中国人炒菜的历史大概是到了宋朝之后才全面普及的。至于说汉朝人，看看他们的厨房用具，你就知道他们的烹调方式有多么简单和绿色环保了。

小时候学过一首诗：

煮豆燃豆萁，豆在釜中泣。本是同根生，相煎何太急。

学这首诗的时候，我只有七八岁的年纪，不认识这个“釜”字。

现在长大了，多少学了点古汉语常识，才明白釜是由远古一种叫鬲的炊具演化而来的。

很久很久以前，人们如果肚子饿了，想要吃东西的时候，找点柴火来点着了，给上面架个炊具就把饭烧熟了。就像这个鬲一样，它的下边一定得是架空的，可以留出空间点柴火。

但是到了汉朝就不一样了，会生活的汉朝人，他们学会了在厨房里盘个灶。

在我小时候，我外婆家就有一个灶，是用土盘成的一个方方的灶台，台面上有灶眼，用来放炊具，灶台朝门口的一面正下方有灶口，是填柴火的地方。灶眼和灶口相通，点着的柴火火焰从灶眼里升腾起来，不一会儿就把炊具烧得冒了气。

汉朝人的灶虽然距离我外婆家的灶隔了两千年，但其实变化并不是十分大。而且，我外婆家当时只有单头灶，可是汉朝人的厨房里，甚至出现了双头或者三头灶，比我外婆家的还要豪华高档呢。

因为有了灶，鬲底下那几个架空的脚显然就多余了，于是“釜”便在这个时候应运而生了。

但其实釜并不等同于现在的锅。釜跟锅有一个本质的区别，那就是釜有一个亲密的伴侣，叫作甑，它们两个总是形影不离，有釜必有甑。

这是由当时人们的饮食习惯决定的。在还没有炒菜的日子里，他们习惯把食物蒸着吃。所以甑的底部总是镂空的，它和釜套在一起，釜里盛着水，加热以后，靠升腾上来的水蒸气，就把放在甑上的食物蒸熟了。

这多像我婆婆在蒸馍呀！

我们家的蒸馍锅就是这样的原理，底下是一个不锈钢锅，上面套一笼屉，不正是釜和甑的完美结合吗？只是我们家这个不锈钢锅的用处似乎还多了一些，除了蒸馍，婆婆有的时候也会用它给我煮玉米、煮毛豆或者煮鸡蛋。

说到煮，汉朝人似乎比我们现代人更喜欢。没有办法，他们既不懂红烧，也不知爆炒，所以除了蒸食外，他们似乎擅长的也就只有煮了。

不过这样一来，釜就显得有些不太适用了。

作为甑不可分离的伙伴，釜在设计的时候就在考虑与甑合二为一，所以它的口特别小，用来紧紧地卡住甑的底部，不让水蒸气跑掉。

如此一来，在煮食的时候，镬（huò）就比较占优势了。

镬跟釜其实是亲兄弟，它们长得特别像，唯一的差别，就是一个口大，一个口小。口小的因为和甑十分相配，于是便去做蒸食。至于口大的镬呢，那就用来煮肉吧：

镬，所以煮肉及鱼腊之器。

这是《周礼》里记载的关于镬的工作职责与工作内容，就是为了蒸肉的。这样一比较，反而是它更接近于我们今天的锅。因为它也是一位独行侠，无依无伴，独自一个，在默默地承受了火的炙烤之后，就能做出餐桌上的一道道美食了。

回想远古时期我们的祖先，啥炊具也没有，一场大火，不也曾给他们送上过无数丰盛的晚餐吗？

大火把动物的尸体全都烤熟了，从此，人们就学会了吃烤肉。至于说到汉代烤肉的方法，那可就要比远古的祖先们讲究多了：

毛炰豚胎，亦有和羹。

这是张衡《东京赋》里描写他们那个时代烤肉的分解动作。

第一步，毛炰。这个“炰”现在见得很少了，几乎不再用。如果非要在现代词语里给它找一个近义词的话，那只能是“炮”了，指把带毛的肉用泥包好，放在火上烧烤，烤到差不多火候了，扒了泥就是一整块去了毛的肉。

第二步，和羹。这个羹，指的是五味调料。把肉烤好了，撒上些调料去去腥气，然后再吃。

这个烤肉法，汉朝人叫作“大炙”。就是整块肉，甚至是整头猪整头羊放在火上烤，类似于我们现在的烤乳猪或者烤全羊。

但也有人并不喜好这么大的场面，他们更喜欢吃得精细一些，那就把肉切碎了，穿在铁签子上，撒了调料，放在炭火上烤。这种烤法叫小炙，其实跟我们现代人坐在烤肉摊上吃烤肉十分接近了。

最文明的就餐方式

在讲汉朝人的就餐方式以前，我必须得先来聊段汉高祖刘邦的八卦。

其实很多人都知道，刘邦在做皇帝之前是个小混混。有一年，他们老家搬来了一位姓吕的乡绅，为了拉拢好关系网，这位吕老先生就想请当地有头有脸的人来家里吃顿饭。

消息一出，来的都是大人物。

那时负责维持现场秩序的，就是后来给刘邦当丞相的萧何。萧何一看，来的都是有头有脸的人，就有点傻眼了，该如何给这些人安排座位呢？

灵机一动，萧何就想了个办法，按礼金的多少来排座位。礼金多的坐堂上，礼金少的坐在堂下，岂不公平合理？

就在这个时候，刘邦来了，大喝一声“我礼金上万”，直接就坐到堂上去了。

说到这里，你肯定觉得很奇怪，大家都坐在一张桌子上吃饭，还排什么堂上和堂下，又不是小学生上课排座位。

这下你还真说对了，吕老先生请客，还真像是小学生上课排座位，一人一张案，谁也不挨谁。

案，像个小茶儿的样子，矮脚，长方形的面儿，仅供一个人用餐的大小。

下面说说汉朝人吃饭用具。

至少在汉朝，人们吃饭早就用上筷子啦。

有实例为证：

在汉初名将周亚夫和汉景帝的恩怨纠葛里，其中最重要的一款道具，就是双筷子。

说起周亚夫，他最有名的就是细柳营那一段了。

细柳是个地名，在今天的长安区一带，当时周亚夫的部队就驻扎在这里。有一回，汉文帝突然决定要视察军队，就到各个营地都走了一圈。可想而知，所到之处，没有不殷勤接待的。可偏偏到了周亚夫的细柳营，连门都没让进。

士兵说了，这是他们周大将军的命令：军事重地，周大将军不发话，谁也不准进。

于是皇帝都给他堵在大门口了，但汉文帝忍了，还发给周亚夫一个治军有方的嘉奖令。可到了汉文帝儿子汉景帝的手里，这位又耿直又硬气的老头可就不那么好过了。

汉景帝想立太子，他非跟着较劲，景帝给了他好几次台阶，他就是不肯按着景帝的意思来，这下惹得汉景帝不高兴了。有一天，汉景帝请客，周亚夫也是座上宾。在他的面前，摆着一块儿烤得又鲜又美的肉，他左看看，右看看，就是没办法下嘴：

独置大胾（zì），无切肉，又不置櫡。

櫡，就是我们现在常用的筷子。

汉景帝在招待大臣的宴会上，独独没有给周亚夫的案上放筷子，摆明了是给他难堪的意思。

这是汉景帝故意刁难周亚夫的把戏。但由这个故事我们可以看出来，汉朝人吃饭已经离不了筷子了，所以周亚夫只能“顾谓尚席取櫡”，赶快给自己找筷子去了。

不过只有筷子还是不行的，因为吃完了肉还得上汤，用什么喝汤呢？

这就又得从古人那里找起了。

先秦的时候人们吃肉，把肉在镬里煮熟了，要用一种叫作匕的餐具把肉切分了，再盛出来。

匕，就是“匕首”的“匕”。它在那个时候还仅仅是用来切肉的餐具，像刀片一样，很是锋利，却只能做切割的动作，并不能把肉汤朝外分。可是到了汉朝的时候，人们发明了一种有凹度的匕，这就是匙。可以舀汤，可以盛饭，已经十分接近我们今天的勺子了。

现在，筷子、勺子全都有了，就只差了吃饭的碗。

如果你参观过陕西历史博物馆，就会发现很难找到一只像我们现代人用的这种圆圆的可以盛饭的碗。

如果你问解说员，那个时候的人吃饭的碗是什么呢？

他们会指着一种青铜器告诉你说，用它！这种青铜器叫作簋（guǐ），《说文》上说它“黍稷圜器也”，意思是盛稻粱的餐具，到汉朝依然存在，但已经不再是流行的趋势了。

在马王堆出土的文物里，有这样的一件宝贝：

它看起来像只香粉盒的加大版，扁圆的，有盖，还雕着好看的纹饰。在记录随葬品的遣册里，考古专家们找到了和这只宝贝相关的文字记载，说它的本名叫作“合”（这个字现代人写作“盒”），属于汉代食盛的一种。

古时候的人们，在祭祀活动中，要给祖先们进献饭食，就把稻米装进一个容器，摆在祖宗牌位前。这个装着稻米的容器，便是“盛”,《说文》里有载：

盛，黍稷在器中以祀者也。

这不就是汉朝人的碗吗？

汉朝人善饮，绝不是吹的

前几天，翻沈括的《梦溪笔谈》，看到其中有一条《汉人酿酒》，说汉朝有一个叫于定国的人特别能喝酒，酒量大到让沈括都怀疑这是史学家们胡吹的！

我于是赶忙翻开《汉书》，找到写于定国传记的那篇一看，果然！这个于定国是汉宣帝时的光禄大夫，确实是个名副其实的大喝家，《汉书》上说他：

> 食酒至数石而不乱。

连喝数石的酒，都没见着他喝醉！

那么现在问题来了，谁又能知道这“数石”的酒到底有多少呢？

沈括用他们宋朝人的衡量标准计算了一下，他说汉朝的一石基本相当于宋朝的三十二斤酒。

宋朝的一斤约合现在的六百多克，也就是一斤多。所以于定国喝的这一石酒，差不多就有现在的三十九斤！如果按我们陕西的西凤二十年举个例子，一瓶一斤装，这就得有将近40瓶！

难怪沈括会以为，汉朝人一回喝数石，这是史学家们胡吹呢！

但事实上，能喝的汉朝人绝不止于定国一个，大学问家郑玄看起来似乎比于定国还能喝！有一回，他要出远门，袁绍带了一伙人来给他送行，他们在城外设宴，从早上一直喝到了晚上，郑玄居然一点儿醉的意思都没有。

还有和郑玄同样有名的邴原，据说也是个能喝之人。有一次要外出游学，他的老师和同学们都来为他送行，这邴原竟然也是从早上一直喝到了晚上，史书上说他“竟日不醉”。

总不至于，这些个个都是吹的吧！

当然不是，汉朝人能喝，那是因为他们喝的是汉朝的酒。你换瓶52度的西凤给他，别说是40瓶，就是4瓶能喝完，我都敬他是条汉子。

汉朝人喝的酒，和我们现代人喝的酒根本不是一回事！

现代人喝的酒，像我们陕西的西凤、贵州的茅台、四川的五粮液，这些都是蒸馏酒，浓度特别高。而汉朝人酿酒，用的还是古老的发酵工艺，这种工艺酿出来的酒，酒精含量并不高，就跟我小时候在乡下，喝我外婆酿的黄桂稠酒一样，甜甜的，有浓浓的香，我小小的年纪一天能喝上几大碗，却从来也没有醉过。这种黄桂稠酒，就是典型的发酵酒。

所谓的发酵酒，顾名思义就是用原材料发酵而酿成的酒。在汉朝，用作酿酒的原材料很多，但是首选的还是粮食，所以王充在他的《论衡》里才会说：

蒸谷为饭，酿饭为酒。

我们现代人不也常说“酒是粮食精”嘛。

东汉的时候，有个名士叫范冉，他有个特别好的朋友叫王奂，因为表现突出，被朝廷委以重任，安排到一个叫汉阳的地方去当官。范冉知道了这个消息以后，也特别为王奂感到高兴，王奂走马上任以前，他很想给好朋友送送行。可范冉虽然是个名士，却安贫乐道，家里特别穷，没几个钱买好酒，于是：

冉乃与弟协步赍麦酒，于道侧设坛以待之。

范冉没有钱，他给朋友送行，只带了一瓶麦酒。麦酒是用麦子作为原材料发酵酿成的一种酒，在汉朝人的眼里并不算是高档酒。汉朝人看重的是用米酿的酒，但纵然是米酒，也分了高低品质的不同。

汉哀帝时有个叫平当的人，一辈子为官清廉，眼看着快到退休的年纪了，皇帝还想重用他，封为关内侯。但平当觉得自己确实年纪大了，说什么也不肯接这个任命书。皇帝当时还挺感动的，就派人给他送去了上尊酒十石。

这上尊酒就是米酒里等级最高的一种酒，用上等的稻米酿成的。次一点的是中尊，是用高粱酿成的。最不好的下尊酒，是用谷子酿成的。但无论哪一尊，其实酒精的含量都不高，所以，皇帝给平当一送就是十石。不过按他们当时的酒量，估计喝不了多少天也就喝没了。因为他们实在是太能喝了，动辄数石。这让我不得不担心一个问题：他们这样喝下去，难道不会把粮仓都喝空了吗？

果然，我担心的这个问题，丞相萧何早就想到了。所以他早早就颁布了汉朝的第一道禁酒令：

三人以上，无故群饮，罚金四两。

汉朝初年，连年的战争搞得民不聊生，老百姓连吃的都没有，哪有那么多粮食去酿酒呢？所以萧何才紧急下了这道禁酒令，规定老百姓不许聚众喝酒。

可是汉朝人真的太能喝酒了，禁酒令对他们根本不管用。

别人都不说，就说那位后来接替了萧何丞相一职的曹参，就是个无酒不欢的大喝家。《史记》上说他日夜饮酒，从不问政事。有人来找他聊工作了，他先跟人家喝酒，多重要的事都等喝完再说。直到把这个人灌得迷迷糊糊，话都说不清楚了才放他离开。

你说一个这么能喝的时代，能不让我为他们的粮仓发愁吗？

不过，我后来发现，这个担心是多余的。

因为除了粮食以外，聪明的汉朝人还会找各种的原材料来酿酒，比如说葡萄。

说起葡萄，对于我们现代人来说好像根本不是什么稀罕的水果，随便走哪个水果超市都能买得到，而且价格还特别便宜。但对于远在两千年前的汉朝人来说，当时只有大宛产这种水果。

所以可想而知，汉朝的葡萄酒，那一定是极品中的极品，非权贵之家，怕是很难尝到那究竟是一种什么样的美味了。

好在，比起葡萄酒，汉朝人似乎更钟情于花酒。别误会，我说的这种花酒，指的可是用花酿成的酒。

比起果酒来说，花酒似乎显得更文艺：

林邑山杨梅，其大如杯碗，青时极酸；既红，味如崖蜜。以酝酒，号梅香酎，非贵人重客，不得饮之。

这是东方朔笔下的梅花酒，他还给这酒取了个特别好听的名字，叫梅香酎。而且还说这酒“非贵人重客，不得饮之”，可见这酒得有多好喝了。

扬雄不甘落于东方朔之后，他也酿起花酒来了：

精琼糜与秋菊兮，将以延夫天年。

扬雄说，用菊花酿的酒，能延年益寿，摆明了和东方朔叫板，你东方朔打的是文艺牌，那我扬雄就打养生牌。

据说汉朝人特别相信菊花酒能延益寿，所以菊花在汉朝就有了一个雅号叫“延寿客”。那用菊花酿的酒，自然就是延寿酒了。

其实能用来酿酒的花还有很多很多，比如桃花、桂花，这些都是汉朝人酿酒的好材料。他们那么能喝，为了酒，也真是想尽了各种办法，就连给皇帝喂马的马夫也开动脑筋，用马奶制作马乳酒。

这些能喝酒的汉朝人，为了喝，他们可真是无所不用其极啊！

第七章　梦里的汉家衣裳

汉朝流行瘦美人

你要是想夸一个女人，不必说她长得多好看，只要说一声“你好像又瘦了”，她准能高兴一整天。

为什么女人都喜欢瘦呢?

不知道这会不会跟中国汉字里，对好看女人的那些形容词有关。

如西楚之虞姬，汉之李夫人、卓文君，三国时之孙夫人，北魏之木兰，隋之红拂女，此数人者，类皆体质修颀，纤腰绰约。

有个清朝人写过一篇传奇小文章，讲一位书生总是在书里读到很多古代的美女，读得心里直痒痒，恨不能一见。然后就有个半人半仙的美女，果然在一个风清月朗的夜晚，来到了他的书桌前，给他介绍了上至春秋，下至唐宋之间的各位美人。上面是我随手抄的一段，她说这些美人，全是“体质修颀，纤腰绰约”的。

这些形容美女的词核心意思只有一个：柔弱纤细的。如果非要找一个字代替，那就是——瘦!

好像自古而来，在文学家的笔下，好看的女人十有八九都是瘦的，这就不得不让大家勒紧了腰带，哪怕饿着肚子，也绝不敢发胖！所以我们从小就学“楚王好细腰，宫中多饿死”，说的就是春秋时期楚国人对瘦的偏爱，这种审美情趣历经好几百年，到了汉朝依然在流行：

美连娟以修嫮兮，命樔绝而不长。

这诗是汉武帝写给他心爱的女人的。

这女人就是前面我们提过的那位“绝世而独立”的汉朝第一大美女李夫人。李夫人的哥哥是汉武帝的御用歌手，有一天，汉武帝问这位李家哥哥说：“你最近有没有创作什么新歌呀？”

于是，这位李家哥哥就唱：

北方有佳人，绝世而独立。一顾倾人城，再顾倾人国。

意思是说有这么个美人，她回头冲着守城的将士们笑一笑，足够让这些将士们全都缴械，连城也不要守了；她再回头冲着君王笑一笑，这君王神魂颠倒得连国家都不要了。

这世上真有这么美的美人吗？汉武帝不相信，他说这李家哥哥就知道胡吹。

可李家哥哥说，这样的美人确实不多得，但他却见识过一个。

这下汉武帝来了兴趣，迫不及待地就要见见这位倾城倾国的绝世美人了。

李家哥哥带来的这位美人正是他的亲妹妹，也就是后来的李夫人。汉武帝一见到她，虽不至倾城倾国，但确实是倾了心，喜爱得不得了。只可惜，李夫人命不好，年纪轻轻却得了重病，没多久便死了。

汉武帝天天想啊，思念得连国家大事都没心思管了。他手下的那些大臣一看，总这样下去可不行啊。于是就想了个办法，黑天半夜的，他们让汉武帝坐在帐子里，点着烛火，挑一位身材跟李夫人差不多的宫女打扮成她的模样，慢慢地从烛光里走过，影子映在幔帐上，就好像李夫人真的回来了似的。据说，我们现在看到的皮影戏，就是打这儿受到了启发，从此影影绰绰了几千年。

可这毕竟是看得见摸不着的影啊！搞得汉武帝更是难受，但相思无处寄，只好化作诗。

“美连娟以修嫮兮，命樔绝而不长”是这首诗的第一句，他写李夫人的样子，其中用了好几个形容词：

一个是“美”，不用说，长得好看；

一个是“修嫮”，是说她的样子很美好；

还有一个是“连娟”，这个词我们现在不太用了，但意思就是身材柔弱而纤细的样子。一个字，还是瘦！

汉朝第一大美女李夫人，倾城倾国，绝世而独立，但身材连娟，柔弱纤瘦。这种审美标准引领了大汉时尚许多年。

汉代的赵飞燕，她是汉成帝的皇后，晚了李夫人很多年，但依然十分瘦。有传说她可以立到人的手掌上跳舞，跳着跳着，突然刮起了一阵大风，差点儿就把她给刮跑了！

你看这得有多瘦！

所以，有一年我去参观汉阳陵博物馆，在那里看到一个个娇小而纤瘦的汉陶俑时，我就一点儿也不感到意外了。

汉阳陵是汉武帝父亲汉景帝的陵墓。

古人事死如事生，他们活着的时候什么样，死了以后也要什么样。那么汉阳陵里这些腰肢纤细、身材修长的陶俑，应该就是汉朝宫女们生活的缩影——她们的确都很瘦！

可汉朝这种纤细柔弱的审美是从何而来呢？

有一种说法是，与汉朝的开国皇帝刘邦有关。

刘邦与生俱来地带着南方人的审美标准，柔弱、纤瘦，这种审美自上而下地引领了汉朝几百年，所以汉代的美女胖子并不多。

但还有一种说法，汉代流行瘦美人是因为汉朝初期，国家兵力不足，一旦遇上战事，就需要老百姓扔下锄头，穿起军装上战场。这里也包括了年轻的女人，她们要随时做好准备参与战争的后方支援。所以，她们练就了这轻巧灵便的身材，别看瘦，却个个都是筋骨肉！

你真的了解汉服吗

深衣大带非今士

“深衣大带非今士”是宋朝人的诗，作者金履祥。他这话的意思是说，深衣大带这种服装款式是先秦两汉的流行时尚，并不是宋朝读书人的标配，却偏偏有人吹起了复古风，让宋朝人改穿古人的衣服。

他说的这位吹复古风的人是谁呢？

不是别人，正是大名鼎鼎的朱熹。熟悉他的人都知道，朱熹是南宋著名的大儒。为了弘扬孔孟思想的精义，朱熹编了一本书，叫《朱子家礼》。在这本书里，他严格规定了宋朝学子们在衣食住行各方面应该遵守的规矩，其中关于衣着打扮这一条，他提倡恢复到先秦两汉的“深衣制度”，就是让宋朝的读书人都穿上深衣。

深衣其实是起源很早的一种服装款式。有历史学家说，远在夏朝的时候，人们就已经开始这样的打扮了，但真正把它规模化、流行化的，却是汉朝。《礼记》上说：

朝玄端，夕深衣。

这句话意思就是汉朝的士大夫们每天早上穿着玄色的朝服去上班，晚上下班回来以后，就换上舒服随意的深衣。可见深衣是一种居家的便服，男女都穿，是汉代普及率最高的服装款式。我总结了一下，深衣有以下几个基本的特点。

第一个特点：它是上下连体的。

此深衣衣裳相连，被体深邃，故谓之深衣。

这是唐初的大学问家孔颖达在《礼记正义》里给深衣下的定义，他说，深衣是衣和裳连在一起，可以把身体严严实实包裹起来的服装。

古时候的人，上衣称为衣，下衣称为裳。而深衣上下连体，这是它的第一个特点。

第二个特点：除了腰间的一条大带，上下找不到一只盘扣。

作为汉朝人的外套，深衣是没有盘扣的。穿的时候，右衣襟在下，左衣襟压在右衣襟上，由左向右裹起来。这种穿法叫作“右衽”，千万要记牢，可不敢穿反了，不然是会闹笑话的。因为孔子曾说过一句话：

微管仲，吾其被发左衽矣。

意思是如果没有像管仲这样伟大的政治家，我们到现在都要披头散发，衣服左衽了。

可不管左襟压右襟，还是右襟压左襟，你都在深衣上找不到一粒盘扣。为了防止走光，汉朝人会用一条缀着穗子的大带裹在腰间，裹得紧紧的。这是深衣的第二大特点，因为没有盘扣，所以用大带防走光。

第三个特点：袖子大到可以当口袋。

我们看电视剧中那些穿着深衣的古人，总是能从袖子里取出各种各样的东西来，仿佛是个百宝囊。所以，《礼记》上说深衣的袖子时是这样形容的：

袂可以回肘。

袂，衣袖的意思。深衣的袖子大到胳膊在里面可以来回弯曲伸缩，当个口袋来用又有什么稀奇的。所以，汉朝人的这种大袖子，也就有了一个我们很难想象的名字——胡。

狼跋其胡，载疐其尾。

这是《诗经》里的一句诗，很多人都理解成狼走路的时候，向前，踩着自己的胡子，向后又被自己的尾巴绊了一个大跟斗。

其实，这里的“胡”，指的是狼下巴底下垂下来的那一嘟噜肉，牛的下巴底下也有。根据这一嘟噜垂肉，“胡”字引申出来了另一个意思——呈弧形下垂的东西。

像不像我们看电视剧里古人的那两只兜风的大袖子？这是深衣的第三个特点，袖子大而下垂，像胡一样！

第四个特点：衣襟或直或曲，看需要。

现在说到汉代深衣最重要的一个特点了，就是它的衣襟。

古时候，人们把衣襟叫作“裾”。深衣最简单的式样，是直裾深衣，说得通俗一些，就是压着右襟上面的左襟是垂直落下来的。

但这其实是一种简化了的深衣，大概是到了东汉之后才开始流行起来的。传统的深衣比这个繁复得多，它左边的衣襟通常是做成锐角的形状，续得长长的，长到可以在身上缠绕好几圈，直到把这个加长的锐角绕得只剩下小小的一片，别在大带底下压好。这样穿好的深衣，下摆有种波浪似的层次感，比直裾深衣更好看。

所以做这样的一件深衣，就会特别费布料，而且讲究还特别多。就拿衣长来说，长，不能接到地面，短，不能露出皮肤，要刚刚好能盖住脚面。袖口要裁成圆圆的，领口要做成方方的。圆圆的表示合乎礼仪，方方的代表正义方正。至于下摆，一定要裁剪得平平的，像杆秤，表示着平和与公正。

古者深衣，盖有制度，以应规、矩、绳、权、衡。

只是这样的一件深衣，垂着厚厚的下摆裹到了脚面上，你说，夏天穿着它，会不会感到热呢？

嘘——

这是汉朝人的小秘密，让我来悄悄地告诉你，如果他们不把下摆围得这么严严实实的，是很容易走光的。

因为，你可能想象不到汉朝人深衣底下的情况——他们是不穿底裤的！

开裆裤时代

在讲这个十分有趣的话题以前，我想先聊段司马相如的八卦。

司马相如带给卓文君的，是一场美丽但又十分虚幻的爱情。当卓文君跟着他跑回四川老家以后，卓文君彻底傻眼了。

这位会弹《凤求凰》的帅哥，家里穷得超出了卓文君的想象，简直连件像样的家具都没有，这让过惯了锦衣玉食生活的卓文君不知如何是好了。

我其实一直都挺喜欢卓文君的。她有勇气追求自己想要的爱情，但最重要的，是她善于运用女孩子的那点小智慧，来改善她和爱人的小生活。

这一点，是比传说里的王宝钏不知道要强多少倍的。

王宝钏和卓文君一样，也是爱上了一个穷小子，也是她爹死活不同意。

可王宝钏怎么做的呢？

和她爹爹三击掌，发誓我和我心爱的人哪怕是饿死在外面，也绝不再登娘家的大门。后来果然十八年苦守寒窑，差一点儿真就饿死了。

再来看看卓文君，她才没有那么笨！

每个父母都是心疼自己孩子的，父母不愿意你跟着一个男人走，那一定是怕你跟着他吃苦受罪，过不上好日子。卓文君吃定了她爹爱女儿的心思，于是故意跟司马相如在大街上摆了个小酒摊，她站柜台，司马相如只穿一条内裤给她打杂当下手。

这下她爹真的受不了了！

家里的千金，跟一男人在街上摆摊卖酒，那男的还只穿条内裤！

这让卓爸爸的脸可往哪儿搁呀！

于是，没几天，卓爸爸就又是给送钱又是给送粮又是给送丫鬟的，这下，司马相如跟着卓文君，立马就变成有钱人了。

相如身自著犊鼻裈，与保庸杂作，涤器于市中。

这是司马迁在《史记》里对司马相如卖酒时的描写，他说司马相如当时身上穿一件犊鼻裈，像个打杂的在街上洗酒具。

而我现在要说的重点，是司马相如身上的这件犊鼻裈。

关于这件犊鼻裈，三国时期的历史学家韦曜解释说，这其实就是一幅三尺长的布，缠在胯间，像个牛鼻子的形状；但也有人说，“犊鼻”指的是膝盖外侧的犊鼻穴，在裁制犊鼻裈的时候，长度至少要达到这个穴位上；还有人干脆说这就是块围在腰间的布！

不管这些解释哪一条更准确，可以肯定的是，犊鼻裈一定是件贴身的内裤，而且连裤裆都没有。

司马相如穿这样的一条内裤站在大街上打杂卖酒，不知道是不是想要告诉他老丈人："反正我已经穷得连外套都没有了，你女儿往后的日子，你就自己看着办吧！"

可要我说，司马相如这其实已经很给卓爸爸面子了，无论犊鼻裈什么样，至少它还都是可以挡着屁股的一块布。如果司马相如胆子再大一点，穿条袴站在大街上，那卓爸爸的脸才没地方搁呢！

大汉朝有这样的衣服吗？

当然有。不然，为什么《礼记》里会说"暑毋褰裳"呢？

这儿的意思是告诉人们，夏天即使再热，也不要掀起衣角。

为什么呢？

因为光着屁股，深衣里面只穿了双袴呀！

"袴"这个字，后来被写成了"绔"，就是我们常说的"纨绔子弟"的"绔"。《说文》里面说，这个字的意思，指的是"胫衣也"，也就是只能套住小腿上的衣服，俗称无裆裤！

"袴"作为一种护腿的无裆裤，在汉朝人中间确实真实地存在着。

二十世纪三十年代，我国著名的考古学家黄文弼老先生在新疆罗布淖尔考古时，就发现了一件汉代的连裆裤，他在描写这条裤子的时候说："有两脚……上通于腰，与裆相连。"可见人家汉朝人是真的有穿连裆裤的。没错，汉朝人确实是有穿无裆裤的尴尬，但人家也有穿连裆裤的时候啊！

汉朝人的服装

缃绮为下裙，紫绮为上襦。

这是《陌上桑》里的曲子，讲这位好看的罗敷姑娘是位汉朝的大美女，她靠窗而坐，下身穿一条浅黄色的裙子，上身穿一件紫色的襦。

襦的解释非常简单，就是指一件短小的上衣。

而说起“袍”来就比较复杂了。《释名》里对“袍”的解释是这样的：

袍，苞也。苞，内衣也。

意思是说，袍这种衣服，原本应该是穿在里面的，上下相连，有的袍的四角还滚着好看的花边，大概是为了穿在外衣里面露出来十分漂亮吧！

所以“袍”在最初的时候，其实指的是内衣。

可是汉朝人偏偏喜欢乱穿衣，居然玩起了内衣外穿的新花样。《后汉书》上说，在汉朝，“下至贱更小吏，皆通制袍”。这种袍服的式样接近于孔子在鲁国时穿的一种衣服，肘部、腋下都很宽大，可以外穿。

自此往后，“袍”开始正式走入外套的行列。

接下来，咱们来看汉朝人的裙！

这个“裙”字根本不用任何多余的解释，哪个女孩子的衣柜里，没有一条好看的裙子呢？

可是如果，坐在你邻桌的男孩子身上也穿条裙子，那你一定会觉得他太娘了。但你一定想不到，偏偏在汉朝，一个大小伙子身上穿条裙子，既不稀罕，也没有人说他娘。

这是因为现代男人穿的裤装，在汉朝还不是流行的服装款式。前面我们讲过，他们腿上穿得最多的，不是“裈”就是“袴”，外面再用一件深衣把身体裹严实。所以现在有很多人在讲到汉朝男人穿裙子时，习惯于把深衣的下裳扯出来，说“裳”有长长的下摆，跟现在小姑娘穿的裙子一个样。

但其实，汉朝男人穿的裙子就是裙子，跟深衣的“下裳”根本不是一回事。深衣的下裳通常都是长到脚面的，有的深衣下摆还被设计成好看的燕尾式样，那都是贵族们穿的衣服。劳动人民如果穿成这样下地干活，那还不知道要被绊上几个大跟头呢！

所以在汉初的时候有一种裙装，男女通用，但基本都是平民穿的。这种裙子很短，长不及膝盖，上窄下宽，就跟我们现在小姑娘穿的喇叭裙有点像，只是做工没有那么讲究。这在汉朝，是一种非常实用的装束，男女通用，很适合在田间劳动。

最后，我想隆重地介绍一件汉朝的服装，叫襜褕。

在《急就篇》的注释里说，襜褕在汉朝属于女装。可是，为什么我却在《史记》里看到汉武帝的表兄弟田恬也穿了一件这样的衣服呢？

这位田恬，就是我们前面说的那位国舅爷田蚡的儿子。田蚡活着的时候，没干啥好事，但他是汉武帝的亲娘舅，太后一句话说"谁敢动我弟试试看"。田蚡就可以在朝廷里想干啥干啥，汉武帝拿他也没办法。

田蚡死后，他的儿子田恬继承了他的爵位，以为自己也可以像他爹一样想怎么样就怎么样，根本不需要把汉武帝放在眼里。于是有一天，他穿了件襜褕就进宫去见汉武帝了。结果，被判了个大不敬的罪过，不仅他爹留给他的封地被没收了，就连武安侯的爵位也废了。

为什么田恬穿件襜褕去见皇帝，就惹了这么大乱子呢？

当然这首先是汉武帝正想着法儿要收拾他呢，他倒好，自己送上门来了。

其次，襜褕在汉武帝时代，还只是一种女人穿的居家衣服，可田恬却非要穿着它去见皇帝。

那么这件襜褕究竟是件什么样的服装呢？

现代学者大都把它理解为一种长而宽大的女式外套，式样接近于直裾深衣。但无论长短，在汉武帝时代，它都不是以正装存在的。

但是，汉朝人的穿衣风格，却总是在不断变化中的。

襜褕到了东汉也早已不再是女人专属的家居服了。有一年，名将段颎因与羌人作战有功，皇帝还把襜褕作为一种尊贵的服装奖励给了他。

你说，这让田恬上哪儿说理去？

汉朝人的品头与论足

戴在头上的身份证

有一年，朝廷要举办一年一度的年终祭祀活动，诸侯国全都来向天子进献年终的贺礼。在这些献礼当中，有很多珍奇的鸟兽，天子看了很高兴，他招了招手，叫上来了一个人。

此人打扮很是奇怪，身上穿着官员的服装，头上却戴着一顶农夫的斗笠，看上去不伦不类的。

你说他是当官的吧，却头戴斗笠，明明像个农夫的打扮；但如果你说他是个农夫吧，他身上穿着的又是一件官服。

这人到底是谁呢？

此人正是替天子管理鸟兽的官员，但每逢大的祭祀活动，他都会头戴一顶农夫的斗笠，以示对农人的敬意。用《礼记》里的话来说，这叫：

尊野服也。

野服，乡野之人穿的服装，他们不会穿深衣大袖，那样太影响劳动；也不会穿绫罗绸缎，那太贵了买不起。在汉朝，平民老百姓最普遍的服装款式，是粗布做成的短衣，诸葛亮说“臣本布衣，躬耕于南阳”，意思是在他没有遇到刘备以前，就是个穿着粗布衣服，在家种地的老百姓。

于是布衣成了平民的代名词，而最能代表他们身份的，却是头上的那一顶斗笠。要下地，在野外干活，总得遮雨遮太阳，所以一顶斗笠是必不可少的。因此，这位官员才选用了最能代表农人身份的斗笠戴在了头上。

但也未必所有的布衣，头上都要戴斗笠。因为并不是所有的老百姓都要在乡间种地。

比如说董偃。董偃不是农夫，但他也不是什么高贵之人。他的妈妈是汉武帝的丈母娘馆陶公主的奴婢，所以，他是公主府里的一个小家奴。

可是，董偃却长得特别好看，是个标准的美少年。五十多岁的馆陶公主第一眼看到他时就喜欢上了，而且越看越喜欢。

但，这么大的事，总得让汉武帝点个头吧？

说起来，馆陶公主也是煞费了苦心的。又是送园子给汉武帝，又是亲自下厨给汉武帝做饭，目的是讨得皇帝的高兴，最终给她的小情郎谋个好前程。

那是汉武帝第一次见到董偃的样子：

绿帻傅韝，随主前。

董偃的头上包着绿色的头巾，胳膊上包着套袖，跟在馆陶公主后面出场了。可是，一旦他的身份得到了汉武帝的认可以后，就完全不一样了：

有诏赐衣冠上。偃起，走就衣冠。

汉武帝一看，既然是我丈母娘喜欢的人，那就给他身份地位吧！于是董偃头上的“帻”立即换成了“冠”，从此董偃再也不是从前的董偃了。

帻和冠，是汉朝男人头上非常重要的身份象征。在董偃还没有得到汉武帝的认可以前，他是一个没有任何社会地位的人，所以，他的头上是不能戴冠的，只能用帻把头发简单地包起来。

帻，是汉代没有身份的男子包头发用的帕子。

但，这个男子一旦有了社会身份，他的头上可就不只是一条包头发的帕子了。像这个董偃，汉武帝承认了他马上赐给冠。

冠，也是包头用的发饰，但更是汉朝男子身份的象征。

现代人有的时候会把帽和冠当成是一种东西，但其实，两者之间差得远着呢！

帽子是扣在头上的，能对整个头部起到很好的保护作用，而冠能护住的仅仅是束在头顶的那一束头发，所以就有人说它“寒不能暖、风不能障、暴不能蔽”，一点儿实际作用都没有。

可尽管如此，汉朝人还是把冠看得无比重要。那个时候的男人蓄发，他们的头发留得长长的，长到二十岁的时候，把那一头长发在头顶束起来，用冠固定好，这叫加冠礼，表示他从此开始步入成年人的队伍了。

这个仪式，对于士族阶层的子弟来说，是人生之中最大的一件事情，有句话说：

冠者，礼之始也。

一个士族子弟头上的冠，并不仅仅只是一个束发套，它象征着儒家的最高礼仪，所以，孔子的学生子路才会连命都给搭上了。

当年卫国的国君家里闹事，先是太子跟老国君的妃子好上了，老国君一生气，吓得太子就跑到别的国家去避难了。后来，老国君死了，立了太子的儿子做新君。这下，在外避难的太子又不愿意了：“凭什么我还活着，就立我儿子呢?”

于是他悄悄地跑回了卫国，纠结了一帮人马准备把自己的儿子从君位上撵下去。

就在这个时候，子路听说了这个消息以后，连夜赶到了卫国，打算声讨前太子的这种违反礼制的行为。

双方展开了一场搏斗。

子路是孔子诸多的学生中最勇猛的一个，按说武功是很好的，但寡不敌众，在打斗的过程中，一不留神，冠带被人砍断了。

就在此时，子路说了一句流传千古的名言：

君子死，冠不免。

就是死，冠也不能掉。所以他给对方说，先别打了，让他先把冠带整理好。可敌人哪管他这套，上来一剑，子路就这么没了。

这是子路的“结缨而死”，他把冠看得比命都重。

到了汉朝，人们对冠的重视程度丝毫不比子路的时代差，而且冠的式样也是五花八门，像什么远游冠、通天冠、进贤冠、高山冠、法冠、武冠、樊哙冠……依出席场合和身份的不同，冠的式样不同。总的来说，大都是由缁布、缟素或者是竹子编制而成的，罩在发髻上，两边垂两条系带，在下巴底下用一根小木棒打成结系好。

说起这条小木棒，倒是让我想起了一个成语——衔枚疾走，说的是古代行军的时候，为了防止将士们交头接耳，就让他们把“枚”含在嘴里悄悄地走。

这“枚”，指的就是冠带上的这条小木棒。所以这样说起来，冠的存在竟然还有一定的军事价值呢。

汉朝人的“内增高”，引领时尚两千年

现在我们来聊聊汉朝人脚上穿的鞋子。

汉朝人的习惯是入室即脱鞋，在室内活动的时候，脚上一定会穿着裹脚的袜子。

当然，也有例外的时候，比如说萧何来给刘邦认罪的时候，他就是光着脚丫子，鞋和袜子都没有穿。

当年的萧何，在刘邦身边是多么呼风唤雨的一个人。可是后来，当刘邦做了大汉的天子，疑心加重，萧何慌了。

接下来的萧何该如何自保呢？

他开始买房置地，搞得老百姓在大街上拦住刘邦的车子告御状。刘邦也生气呀，心想，萧何是不是真的老糊涂了，咋变成这样了？

萧何不是老糊涂了，他是故意的。只有让刘邦以为他老糊涂了，才能放下对他的戒心，他也不至于像其他人那样掉脑袋。所以，史书上说他来见刘邦的时候：

素恭谨，徒跣入谢。

他光着脚来见刘邦了。因为他做错事了，光脚，是一种谢罪的表现。一个没有犯过错误的人，他是一定会穿着鞋子的，因为：

履，礼也。饰足所以为礼也。

和头上的冠相对应，装饰脚的，称为履。履和冠一样地具备着礼的意义。所以在汉朝，出席正式场合的时候，士人脚上都穿履。

有人问，为什么不叫鞋呢？

“鞋”这个叫法是后来才出现的，虽然履和鞋的功能都是走路时护脚的，但式样却还是很有些差别的。

比如说鞋面，现代人的鞋面，多是平的，只有圆头尖头的区分。但履的鞋面，却要做一个高高的翘角，他们把这叫作“絇（qú）”。

再比如说底子，现在的鞋底多是皮质的，结实。纵然是布鞋，也有纳得厚厚的鞋底，穿上既厚实又柔软。

但履的底子就不一样了，它是用麻线编结而成的。可以想象那是多么轻薄而且还不保暖呀！万一遇到个雨雪天，穿这么个薄底的履走在大街上，估计脚丫子可就要受罪了！

所以说，“舄”适时地出现了。

郑玄在注《周礼》的时候说：

复下曰舄，禅下曰屦。

这话的意思是说，单层底子的叫作“屦”，带夹层底子的叫作“舄”。

屦和履是堂兄弟，它们长得十分相似，仅有着简与繁的区别。

履是大哥，显得庄重而尊贵，所以制作也很是讲究。我们学《孔雀东南飞》的时候，焦仲卿的妻子刘兰芝被婆家休了之后，回娘家的那天，脚上穿的就是这么一双十分讲究的“履”：

足下蹑丝履，头上玳瑁光。

通常，履是用丝做的，精致而充满了贵气。

虽然刘兰芝是被婆家休掉的，但离开的时候还是要体面的，所以那一天，她把自己格外地打扮了一番，脚上还穿了一双这么精致的履。

但屦就没有那么讲究了，甚至有的时候干脆就是用麻绳编成的，所以它也没有那个高高的絇，显得十分简洁。仅从这一点上来看，它又像极了舄。

舄的表面也是如此简洁的，但，舄的构思却远比履和屦巧妙得多了。

为了防止无论是履还是屦太过轻薄的底子带来的尴尬，人们加厚了舄的底子，而且在中间装了一个木楦，木楦中空，有凹槽，里面可以填充保暖之物。

这样一来，遇到雨雪天气，或者走在湿滑的地面上，既不用担心脚丫子会受苦，还可以不动声色地起到增高的效果。

所以如今读“辇中似是瑶池母，凤舄霞裳剪云雾”的时候，就再也不敢小瞧古人脚下的这一双“舄”了。它简直引领鞋业时尚几千年，这是早早就把内增高的机关穿到脚下啦！

巾帼美女的首饰盒

一提到“巾帼”这个词，总是很容易让人想起女英雄。无论是杨门女将里的穆桂英，还是替父从军的花木兰，人人都说她们是巾帼不让须眉的女英雄，说她们一点儿也不比男子差。

这里的“须眉”，是用胡须和眉毛指代了男人。

那么巾帼又是什么呢，何以能够专指女人？

关于这个问题，还是让足智多谋的诸葛亮来给我们答案吧。

诸葛亮和司马懿打仗，两军相守了一百来天，无论诸葛亮怎么叫阵，司马懿就是不出兵，于是诸葛亮才想出了个损招：

因遗懿以巾帼妇人之饰。

诸葛亮看司马懿一直不出兵，他有些着急了，便使了一个激将法，送一套女人用的巾帼给司马懿，意思是羞辱司马懿不是个男人，像个娘们儿似的磨磨叽叽。

可见巾帼确实是女人的服饰用品。可被诸葛亮这么一玩儿，从此，“巾帼”成了女人的代名词了。

其实巾帼本是汉朝女人包头用的一种首饰，但和现在的头巾不一样，巾帼有内衬，多数是用竹丝加以固定，覆在头顶，可以包裹住发髻。但你千万不要就此以为，汉朝女人喜欢用巾帼把头发严严实实包裹起来。

巾帼盖住的，只是头顶一部分的头发。汉朝女人的头发是很美的，她们喜欢自己的头发像黑色的瀑布一样垂在肩背上，即使是结了婚，她们依然习惯梳着披肩发，不必像后代的已婚女子那样把头发盘起来。不信我们请出前面那位和老公“举案齐眉”的孟光，看看她婚后的发型究竟是什么样的。

据说孟光长得特别丑，到三十几岁了还找不到婆家。上门提亲的倒也不是没有，只是别看孟光颜值不怎么样，见识却很是不一般。爹妈逼嫁逼得紧了，她就一句话：“听说有个名叫梁鸿的人，是个难得的贤士，除了他，我谁也不嫁。”

那个时候的梁鸿，官场刚刚失意，正打算隐居山林呢。他听说有位女粉丝这么迷恋他，就打算先娶了这门亲再说。

孟光就这么如愿以偿地嫁给了意中人。新婚头一天，她把自己打扮得花枝招展的。可谁知，梁鸿却连看都不愿意看她一眼。这样一连过了七天，孟光有点受不了了。跑去问自己新婚的丈夫：“我听说你眼光高得很，不知道你喜欢什么样的女人？”

梁鸿回答她说：“如果我想找美女，什么样的没有？可我现在只想找个能跟我去山林里过隐居生活的人。你这一天天绫罗绸缎的，并不适合我。”

孟光一听，二话不说，赶忙回卧房换上了早就准备好的粗布衣裳，再出来的时候，变样了：

乃更为椎髻，著布衣，操作而前。

梁鸿一看，如此素雅，喜欢了。

孟光改头换面，着简装出来再见梁鸿的时候，头上梳的正是大汉朝女子最为流行的发式——椎髻。这种发式特别简单，把所有的头发整整齐齐地梳在脑后，直溜溜地下垂，发梢束结，从背后看去，上宽下窄，所以取名椎髻，异常简单朴素，十分贴合当时梁鸿一心想要归隐山林的心意。

但这绝不是说，汉朝女子的头上，个个都得像孟光一样的朴实无华，而不能珠摇玉坠。毕竟她们的丈夫，不都是像梁鸿一样想要归隐山林的人。

所以汉朝女子的首饰，还是十分精彩的。除了类似于像簪子一样具有束发作用的笄、步摇外，汉代女子的头上最独具特色的，是华胜。

司马相如写过一篇辞藻十分华丽的《大人赋》，里面讲到西王母的时候，他说王母的头上就戴华胜。这样源于生活的艺术，说明了华胜在汉朝女子当中是特别尊贵的首饰，不然司马相如也不会让它戴在了西王母的头上。

只是关于华胜这件首饰究竟长什么样，司马相如没有过多形容它，但我们却可以从《释名》里找到关于华胜的解释：

华胜：华，象草木之华也；胜，言人形容正等，一人著之则胜，蔽发前为饰也。

古时候的“华”通“花”，所以可以肯定的一点是，华胜多是做成花朵的样子。但《释名》里说它仅是戴在发前就有点狭隘了，其实有的时候，华胜也是可以插在两鬓的。

和华胜一样具有汉代特征的首饰是耳珰。

《孔雀东南飞》里的刘兰芝“腰若流纨素，耳著明月珰”的形象，让人心疼了多少年，她耳朵上的耳珰，就在人们的心里闪烁了多少年。

作为汉代女子的耳饰，珰的样子十分特别，像个小腰鼓一样，只是两端粗细不一，把细的一端从耳孔里穿过去，粗的一端露在外面，圆圆的，像现代女孩子戴在耳朵上的耳贴。

如果照这样说起来，两千多年以前的汉代女子，就已经开始打耳洞了！

可汉代的女子，真的会打耳洞吗？

其实关于这个问题，我是一直心存疑虑的。因为庄子确实说过“天子之诸御，不爪翦，不穿耳”的话，所以诸葛亮的侄子诸葛恪才会说：

母之于女，恩爱至矣，穿耳附珠，何伤于仁。

当妈妈的总喜欢把女儿打扮得漂亮些，穿个耳洞坠个珠子，这和仁不仁义的没有多大的关系！

诸葛恪能说这话，可见在当时确实认为女孩子打耳洞是件不成体统的事情。

但是，我们又确确实实见过了《孔雀东南飞》里刘兰芝的“腰若流纨素，耳著明月珰”；见到了《陌上桑》里罗敷女的“头上倭堕髻，耳中明月珠”；见到了《羽林郎》里胡姬女的“头上蓝田玉，耳后大秦珠”……

她们都是汉朝的大美女，她们的耳朵上，都是亮闪闪地挂着耳饰。

所以有的时候我就在想，这可能就跟我们上学的时候，老师一而再、再而三地强调女生不许打耳洞，但大家还是偷偷地把好看的耳饰挂在了耳朵上。

汉朝的美女们可能也是这样的，尽管有人一直在强调打耳洞有伤风化，可她们还是在美的诱惑下，在自己的耳朵上挂着明晃晃的耳珰，不是也很好看吗？

爱美的汉朝男人

说起汉朝男子，他们最初留给我的印象，都是些硬汉的模样，像撒豆成兵的韩信、细柳营里的周亚夫，当然，还有那位天不怕地不怕的樊哙，个个都是驰骋沙场的英雄，当然也就少不了粗犷硬朗的个性。直到有一天，无意间读到李固的故事，他完全颠覆了我对汉朝男人的所有想象。

李固是东汉时的一位清官，在他的手上，办了不少违法乱纪的案子，这就难免得罪一些人。所以当小皇帝刘炳死了的时候，就有人大作文章说，给小皇帝发丧的那天，别人都哭天抹泪，难过得不行，只有李固，跟个没事人似的，迈着八字步走得稳稳当当的，脸上还抹着粉，一点儿泪模样都没有。

大行在殡，路人掩涕，固独胡粉饰貌，搔头弄姿。

这是一个叫梁冀的人，在皇太后那儿告李固的状词。是不是真的，范晔在他的《后汉书》里并没有给李固澄清，当然我们今天也不是要在这儿断案的。

我想说的是，这个梁冀告李固的状子里，点破了一个很可能被我们忽略的现象——汉朝男人，他们是一定喜好给脸上抹粉的，不然梁冀好端端的，怎么会找出个李固抹粉的段子来告他呢？

果然，关于汉朝男人抹粉的记录，李固并不是个案。

不信我们就来聊点儿汉朝皇家的小八卦。

打从他们的祖宗刘邦起，就个个喜欢长得好看的，据说刘邦有一个叫籍孺的近侍，到了他儿子汉惠帝时，紧跟他的步伐，又有一个叫闳孺的近侍。

这俩人除了名字有点像以外，还有个共同之处——长得白净好看。不知道是不是爱屋及乌的原因，汉惠帝开始对脸白的男生尤其偏好，所以就下令，让他周围的人全都每天搽脂抹粉：

故孝惠时郎侍中皆冠鵔鸃，贝带，傅脂粉。

鵔鸃是一种锦鸡，长着特别好看的羽毛，所以皇帝身边的人就把鵔鸃身上好看的羽毛插在头冠上，还用贝壳装饰带子，而且他们的脸上还全都傅着粉！

不知道汉朝男人喜欢在脸上傅粉的爱好是不是打这儿开始的，总之一直到了东汉末年，此风依然在流行。

有一天，大才子曹植在家里接待客人，为了表示对客人的尊重，于是沐浴更衣，把自己好好地打扮了一番：

时天暑热，植因呼常从取水自澡讫，傅粉。

在曹植为了迎接客人而精心打扮自己，所有项目里，有一项非常重要的内容是给脸上傅香粉。在这汉魏时期简直就是爱美男子的一种风尚，所以才有了中国文学史上“身似何郎全傅粉，心如韩寿爱偷香”的风流句子！

何郎指的是曹植异母异父的兄弟何宴。这话是怎么个说法呢？原来何宴的亲爹死得早，那时他的妈妈还年轻，长得又特别好看，曹植的老爸曹操一见，爱了，直接就娶回了家。

所以我才说，曹植和何宴是异父异母的兄弟。

何宴大概从小就继承了妈妈好看的基因，据说他是一位难得的美男，小脸儿完全用不着抹粉，都粉白粉白的。

韩寿生得比何宴晚，但他的美一点儿也不输给何宴。所以一位贾姓官员家的千金，打第一次见到他之后，就爱得死去活来，不惜把皇帝赐给他爸上等的好香送给韩寿，让他熏在衣服上，走到哪儿都能香得迷倒一大片。

这倒是让我想起了前两天读陆玑的《毛诗草木鸟兽虫鱼疏》的时候，发现了一件特别好玩的事情，说《诗经·溱洧》里“士与女，方秉蕳兮”中的“蕳”指的是一种兰草，特别香。在汉朝，宫里到处都种这种香草，干什么用呢？可以用它来制作香粉。皇帝每年都会把这种宫中制成的香粉赐给大臣，让他们藏在衣中，这样无论走到哪儿都是香香的。

于是就有人嘲笑他们的“娘”，说和那些手无缚鸡之力、只会满口清谈的魏晋男子有一拼！

这话，可就有点冤枉他们了。

男女未冠笄者，鸡初鸣，咸盥漱，栉縰，拂髦总角，衿缨，皆佩容臭。昧爽而朝，问何食饮矣。

《礼记》上说，无论男女，从他们还是小孩子的时候，每天天不亮起床，梳洗好之后，要在衣服上系好香囊，然后去向父母请安，问：“爸爸妈妈，你们早饭准备吃什么呢？”

多有礼貌的好孩子啊，问爸妈早安以前，还要“皆佩容臭”，就是佩戴个香囊的意思。这里的“臭”在古汉语里通“嗅”，是芬芳好闻的意思。

为什么在向爸妈请早安以前还要系个香囊呢？

据说这是为了给爸妈一个美好的清晨，“以臭物修饰形容”，意思是用好闻的气味来美化自己的身体，这是汉朝人从小就懂的礼仪规矩。

生活在两千多年前的汉朝人，他们早就知道让自己浑身上下都香香的，所以在他们的情诗里会写：

何以致叩叩？香囊系肘后。

他们晚上睡觉的时候，就是：

红罗复斗帐，四角垂香囊。

难道这不更具有文艺气质和浪漫气息吗？

第八章　大汉出行攻略

比天气预报还重要的出行必看

国庆小长假前的好几天，就有朋友接二连三地打电话来了，他们想约我去看敦煌莫高窟。从有了这个计划的那天起，每天早上睁开眼睛的第一件事情，就是看手机上的天气预报。

现在的天气预报能预知一个星期甚至半个月后的天气情况，而且基本上还都挺准的。不过这也挺让人烦心的，每天一大早看到国庆小长假那几天的日期上，都飘着几朵带雨的云，真让人扫兴。

朋友说，还不如没有这天气预报，糊里糊涂出门去！

别，出门可不是件糊里糊涂的事情，现在不过是看看天气预报就这么让你烦心，如果放在古时候，比看天气预报还麻烦的事都有呢，比如说汉朝人的占卜。

汉朝人出远门不比我们现在，我们现在哪怕三千里外的地方，无论飞机、高铁还是高速公路，距离都不是问题。

但汉朝人不一样，不管多远的路，他们基本是靠走的。好点儿的靠牲口拉着走，差一点儿的靠的就是自己的两条腿了。所以对于他们来说，哪怕是从长安城走到蓝田县的几十公里路程，那也是趟远行了！

在那个时候，自然科学对于人们来说还是个谜，千奇百怪的自然界变化莫测，他们实在是不知道应该怎么应付，所以一切就只能交给老天爷了！

《后汉书》里就记载了这样一段故事，故事的主人公叫董卓。

读过《三国》的人都知道董卓，他是东汉末年的大坏蛋。把小皇帝刘协牢牢地握在手里，为所欲为，干尽了坏事。每个有正义感的人，都恨不能分分钟就干掉他。其中有个叫王允的，便密谋要刺杀董卓！

但王允是个读书人，手无缚鸡之力，怎么可能干掉膀阔腰圆的董卓呢？

于是他就找到了人中龙凤的吕布。吕布有一身的好武艺，对付董卓绰绰有余。两个人一商量，刺杀董卓的事就这么定下了！

怪就怪在，那两天董卓的家门口总是会出现一个卖布的，整天地叫卖着“布啊，布啊”！在他卖的布匹上还写着一个大大的“吕”字，这让董卓身边的人觉得很奇怪，就把这事告诉了董卓。

但董卓压根没把他当回事。

又过了几天，董卓突然接到一个通知，说宫里的小皇帝要见他。于是他穿戴整齐出了门，刚跨上马，那马就惊了，直接把他从马背上摔下来，跌了个大跟斗。

这下，他的小老婆们越发觉得这事不对劲了，赶忙对他说：“这怕不是个好兆头吧！”

可董卓还是没有当回事，回家换了件干净衣裳又出门去了。这下，真的出事了。

原来小皇帝见他是假，吕布和王允设局要杀他才是真。所以，在他还没有走到皇宫门口的时候，就被吕布给干掉了。

这件事情的整个过程，都被范晔记在了《后汉书》里。尤其是董卓出事前的那两个征兆，被范先生刻画得神乎奇神，感觉好像董卓被吕布干掉，有很大的原因是他没有在意老天爷给他的提醒似的。

难道老天爷真的会给董卓提醒吗？

这事过去太久了，当事人全都作了古，咱也没有办法考证了。但既然能被当时的大学问家范晔写进史书里，由此可知，他们是真的相信大自然给人类的预警的！

这些事情放在咱们今天来看，那都是迷信，是没有科学依据的。不过两千多年前的汉朝人，面对变化万千的大自然，他们不知道是怎么回事，也没有更好的应对措施，也就只能寄希望于鬼神了。

所以他们每次出门以前，都要朝老天爷占上一卦。只是现代人都十分好奇，他们是怎么朝老天爷打听消息的呢？

这个仪式离我们现在太远了，我也没有办法替他们做全景复原了。好在，汉朝人给我们留下了大量的简牍，在这些汉简里，多多少少还是能找到一些他们当年占卜的影子的。

比如《居延汉简》里的这一条：

车祭者，占牛马毛物，黄白青駠，以取妇、嫁女、祠祀、远行、入官、迁徙、初疾。

这句话是说汉朝人在娶媳妇、嫁女儿、祭祀、搬家以及出远门这些重大活动以前，必须要做一件事情——用动物毛发的颜色来判断此行是不是顺利，这叫车祭。

汉朝人出远门可供选择的代步工具不像现代人这么多，他们除了步行，就只能借助牲口了。比如骑马，又或者是坐牛拉车。

所以，这趟出门到底会不会顺利，选择个好牲口就显得尤其重要了。因此用牲口的毛发来占卜，似乎也是情理之中的事情。如果占卜的结果说，这趟用白马顺利，那就选择一匹白马来骑；如果说骑白马可能有危险，那就避开白色，选择其他颜色的牲口作为出行工具。

但汉朝人的出行必看，绝对不只是牲口毛发颜色这一条。至少，我在《说文解字》里就看见过还有这一条：軷（bá）。

什么是軷呢？许慎说：

> 出将有事于道，必先告其神，立坛四通，树茅以依神，为軷。

今天要出远门了，心里总是不踏实，万一路上遇到麻烦怎么办呢？于是就在十字路口立个祭坛，周围插上茅草，向神灵祷告说："我今儿要出远门了，麻烦您一路护送着，知道这要给您添麻烦，但还请多多关照！"

汉朝人相信天上每个神仙都有各自的职责，像这种出门在外的事情，是由一位路神专门负责的。

所以，他们在出门以前，就会祭祀这位路神，让他保佑自己一路平安，这就叫作"軷"。

但如果想要让路神保佑，那可不能空口说一说就算了，总得给路神献点儿礼吧！

这礼，通常都是些用作牺牲的小动物，比如羊、狗。等给路神祭祀过之后，要出门的人坐上车子，从这些用作牺牲的小动物身上碾过去，这下，就可以保证出行平安了！

这办法到底管不管用呢？我没有试过，劝你也千万不要试，因为实在是心疼那些小动物。毕竟我们现在能找到各种安全又方便的出行攻略，又何必去伤害这些小动物呢？

曾经的古道，其实很热闹

每次提到“古道”这个词，荒凉、古老、败落，还有一点说不出的凄凉的味道，就会一股脑地涌出来。

怎么会这样呢？

想来想去，这大概都是拜马致远的《天净沙》所赐：

古道西风瘦马。
夕阳西下，断肠人在天涯。

古道，柔肠，催人泪下！一幅写满了苍凉的画面就这样活生生地被刻画了出来。这多像一位活了太久的老人，满脸的褶子，满头的白发，心里装着的也是满满的故事。

可又有谁记得这位老人年轻时的样子呢？

那个时候的他，也是风华正茂、英俊潇洒的帅哥一枚。像那些古道一样，古道也曾经年轻过，车水马龙，人来人往，甚至还见识过金戈铁马、百万雄兵的大场面。只是，这都是些陈年旧事，已经离开我们很久很久了……

不是谁都可以乱走的驰道

在介绍驰道以前，我想先给大家讲个小故事。

这个故事讲述的，是汉朝一位名叫江充的人，他很好地利用了一条路，从此开启了他人生之中的高光时刻 。

这条路，就是汉朝的驰道。

驰道原本是汉朝皇帝的专属国道，一般人连走的资格都没有。可是到了汉武帝时期，总有些王公贵族为了显示自己与众不同的身份，有事没事也喜欢跑到驰道上来溜达。

江充一看，这不摆明了挑衅皇帝的威信吗？

于是跑到汉武帝的面前煽风点火地说："驰道应该是您的私人专属，可现在成什么样子了？谁都可以牵着马在上头溜达溜达，哪还把您放眼里呢？"

汉武帝一听，火立即就起来了，马上吩咐江充，以后看见谁还在驰道上溜达，该罚款罚款，该收车收车，不用给他留情面。

有了皇帝的圣旨，江充执起法来就可以铁面无私了。从此天天在街上巡逻，只要看到有人在驰道上溜达，马上跑过去，轻则贴个罚单，重则直接把车辆没收。

这下好多皇亲贵戚纷纷中枪，就连汉武帝的丈母娘馆陶公主也没能躲得过！

公主曰："有太后诏。"充曰："独公主得行，车骑皆不得。"尽劾没入官。

馆陶公主既是汉武帝的丈母娘，还是太皇太后的亲闺女。这一天，她的车子正在驰道上飞奔着，突然就被江充当街拦下了。公主一开始压根没把江充当回事，打着她亲娘的旗帜说："太皇太后想见我呢。"

谁知江充根本不买账："对不起，现在太皇太后没在您身边，这条路您就是用不成！"

当下就把皇帝丈母娘的车子给没收了，真是谁的面子也不给啊！

就这样，江充因为一条驰道，从而打通了他的升官之道！汉武帝觉得他铁面无私，是个可用之才，从此江充就成了皇帝身边的红人！

但其实"驰道"并不是汉朝人的首创，据说当年秦始皇统一天下以后，就曾经以咸阳城为中心，建了许多条通往全国各地的驰道。这大概应该算作是中国历史上最早的国道。

到了汉朝，这种国道也修了不少，有城内的，也有城外的。比如从汉长安城到甘泉宫就有一条驰道，从长安城出发，经过渭河、泾河，一路向北，大约有三百多里，是条标准的出城高速。

而让馆陶公主栽了跟头的那条驰道，则属于城内高速。不瞒你说，虽然当年太皇太后的女儿都不敢在这儿随意溜达，不过今天的我，倒是脚踏实地的在这条道上走过不知多少个来回！

因为，今天的汉长安城遗址对外开放啦！

在今天的汉长安城遗址上，考古专家们勘测出了汉长安城的四面城墙上各有三个城门，从其中的宣平门、清明门、安门、直城门、雍门、横门、厨城门和洛城门这八座大门里，各伸出一条主干道来，这就是史书上非常有名的"汉长安八街"。

这八条街道有长有短，有窄有宽，但就是没有一条一模一样的。不过，它们却有个共同的特点，那就是每条街道上都用两条排水沟把一条宽宽的马路分成了三条道，两边的窄，中间的宽。而中间这宽道是留给皇帝出行专用的，也就是让馆陶公主栽了跟头的驰道。不过现在如果你来了，管他是中间的道，还是两边的道，想怎么溜达你就怎么溜达。

因为这里，再也不是属于皇帝一个人的啦！

“戏红道不红”的陈仓道

我现在要说的这条古道叫陈仓道，也许知道它的人并不多，但如果我说“明修栈道，暗度陈仓”的故事，可能大家都知道对不对？

所以我说它是“戏红道不红”。

“明修栈道，暗度陈仓”其实出自一出元杂剧，讲的是当年刘邦和项羽楚汉相争的时候，刘邦使用了一条声东击西的军事战略，从而一举击败了项羽。

那个时候，项羽在关中，而刘邦还在汉中做着他的汉中王。

可刘邦的心大着呢，他怎么可能甘心只做一个汉中王？于是就整天琢磨着怎么才能再一次攻进关中，把项羽撵回江东老家去。

韩信给他出了一个主意说，关中只能智取，不可强攻。可怎么个智取法呢？

韩信说，可以声东击西！一边假装着修一条从汉中通往关中的栈道，做出要从这条栈道出兵攻取关中的假象，实际上偷偷派兵走陈仓道，偷袭陈仓，从而一举夺下关中。

那陈仓的具体位置在哪儿呢？

陈仓是个很古老的地名，在陕西的宝鸡。陈仓道的具体路线，是从今天宝鸡的陈仓区向西南一路直通大散关。

大散关大家应该都不陌生了：

楼船夜雪瓜州渡，铁马秋风大散关。

因为宋朝大诗人陆游的这句诗，大散关出名了！这地方我去过，也见过壁上题着陆诗人的这句诗，更见识过了这里“一夫当关，万夫莫开”的险峻和坚固，所以从古至今大散关都是军事要地。

被戏曲家戏说了的褒斜道

如果翻史书，无论《史记》还是《汉书》，你会发现，就是把书翻烂了，也找不着“明修栈道”这个典故。

八月，汉王举兵东出陈仓，定三秦。

《史记》里只有这一句。《汉书》上说：

汉王引兵从故道出袭雍，雍王邯迎击汉陈仓，雍兵败，还走。

哪儿有栈道呢？怎么就找不着栈道呢？

因为前面我说过了，“明修栈道，暗度陈仓”出自一出元杂剧，在这出戏里，韩信有一句唱词是这样的：

着樊哙明修栈道，俺可暗度陈仓古道。

这是戏曲家把刘邦取陈仓的这场战役给艺术化了，他是“度陈仓”了，但他并没有“修栈道”。可要说起来这位戏曲家编的这个情节也不算空穴来风，他有事实依据：

第一，刘邦从汉中出兵，的确走的陈仓道，这是真的；

第二，确实有过一条栈道，曾经贯通了关中和汉中，这也是真的，而且这条栈道还是被刘邦亲自毁了的。

这话说起来有点长。

当年刘邦跟项羽前后入了关中以后，他觉得他的实力远不如项羽，所以就把老大的位子拱手让给了项羽。

项羽也不推辞，因为他觉得他就是比刘邦强，这个老大就应该是他的，于是安排刘邦带着人马去汉中做王了。

可刘邦走是要走了，心里却一直不踏实——项羽会不会随后就给自己来个剿灭战呢？

他的高参张良给他出了个主意：为了不让项羽起疑心，最好的办法就是断了退路，以表示汉中军永远都不回来的决心。只有这样，项羽才会放松警惕，刘邦也好在汉中韬光养晦。

听了张良的话，刘邦带着人马离开了关中，南去汉中了。

那个时候从关中到汉中是一条非常艰险的道路，因为要翻越险峻的终南山，又没有钻山隧道，但好在，还有一条贯通南北的栈道。

说起这条栈道，可有些年头了。当年，秦始皇的太爷爷秦昭襄王的手下有个叫范雎的宰相，此人很有眼光，为了发展跟巴蜀的交通贸易，就在终南山里修了条长长的栈道，从关中一直通往汉中。

当刘邦带兵从这条栈道上进入汉中之后，他听了张良的话，就把这条栈道给烧毁了。

元朝的戏曲家为了让刘邦取陈仓道的这场战役更具有戏剧性与艺术性，就让他在杀回关中的时候，把这条栈道修好了。于是才有了我们现在熟知的“明修栈道，暗度陈仓”。

但这只是艺术虚构，事实上，刘邦压根没干这好事。而真正修复从关中到汉中交通的，是刘邦的重孙子汉武帝。

汉武帝和当年的范雎一样，也非常重视关中和巴蜀之间的交通，于是穿越终南山，又修了一条从古老的褒水一直连接到斜水的栈道，取名褒斜道。

褒水在汉中。那儿有个非常古老的国家，叫褒国。我这样提这个国家的名字，你可能不会有什么深刻的印象。但如果我提到一位大美女，她的名字叫褒姒，你大概就会恍然大悟，哦，原来是她呀！

没错，因为千金一笑而害得周幽王丢了身家性命的大美女褒姒，她的老家就在褒水河的源头上。

那斜水在哪儿呢？

有一年夏天，我跟一群朋友去陕西眉县，那儿有一个度假村，叫斜谷民俗美食农家乐，就在当年斜水河附近。

所以这个褒斜道，打通的其实就是陕西的眉县到汉中的这条山路，全长大约五百里，虽然不长，不过对于两千多年以前的汉朝人来说，其意义一点儿也不输于今天终南山里那一条条的钻山隧道——它们的开通，都是为了拉近关中和巴蜀之间的距离！

错综复杂的汉朝国道

像陈仓道和褒斜道这样，为当时的交通运输起到绝对作用的汉朝国道其实还有很多条。到了今天，它们大都已经成了名副其实的古道，岁月久远，有很多已经被人们淡忘了，不过在当年，它们却很是热闹繁华过一阵子呢！

直道

直道南起今天陕西咸阳的淳化县，从此一路向北，经过黄陵，到陕北的富县、志丹县，再经过榆林，进入内蒙古的鄂尔多斯市，最后到包头。

再往北，就是匈奴的地盘了！

所以，直道的存在，对于当时汉廷与匈奴之间无论是战争还是和平交往，都起到了至关重要的作用。

飞狐道

提到和匈奴之间的交通往来，就必须要提飞狐道。

飞狐道和直道几乎是一条平行线，从现在山西的大同附近出发，经过河北的蔚县，然后一路向北延伸。

当年刘邦跟项羽对峙的时候，刘邦在洛阳，项羽在荥阳，双方僵持了很久的时间，却一直没有办法打破这个僵局。

于是就有个叫郦食其的人给刘邦出主意，不如先发制人来取得主动权：

> 塞成皋之险，杜大行之道，距蜚狐之口，守白马之津。

他的意思是让刘邦先占领几个军事要道，其中的"蜚狐之口"，指的就是飞狐道上的关口。

由此就可以看出飞狐道的军事地位，所以后来到了东汉时期，就在这条道上堆土布石，建立亭障，让它成为军事和经济贸易的中转站一直存在了很多年。

函谷道

上中学的时候，学贾谊的《过秦论》，第一句话就说：

> 秦孝公据崤函之固，拥雍州之地，君臣固守以窥周室，有席卷天下，包举宇内，囊括四海之意，并吞八荒之心。

这段话啥意思呢？

老师当时给我们说，秦国仗着函谷关天然的地理优势作为屏障，才敢起并吞六国的雄心。

函谷关，很重要的军事要地。河南灵宝市向北，陕西潼关向东，就可以找到秦汉时期函谷关的遗址。从这个遗址开始一路西行，过今天的华阴市、到西安临潼的新丰镇、鸿门镇，过灞桥，回到汉长安遗址的宣平门，就是当年的函谷道。

所以这又一条大汉朝的跨省国道，从陕西到河南，连接着汉朝最繁华的两座大城市——长安和洛阳，可想而知，这条道上当年是怎样的一个“忙”字了得。

萧关道

我有好多外地的朋友一来西安，就跟我嚷嚷着要找丝绸之路的起点。可丝绸之路的起点到底在哪儿呢？

我就带他们去汉长安城遗址的西安门。西安门是汉长安城南城墙上最中间的一道城门，当年汉武帝送张骞出使西域，就是从这里出发的。

离开汉长安城，一路向着西北的方向，经过今天的礼泉、乾县、永寿、彬县、长武，进入甘肃，再过宁夏，一路到河西走廊，这是一条萧关古道，也是汉朝丝绸之路的北路。

还有一条南路，是从汉长安经过凤翔县，走陇关道，最后在河西走廊与北路汇合。

这条古道又长又远，我下了好几次的决心，想要循着汉朝人的脚步，踏一踏这两千年前的古道，可惜了，我最远也就只到过平凉。

好在，还有一条子午道，虽然也是汉代的古道，可对于今天的我来说，倒是每隔一段时间就要路过一次的。

子午道

只要一到周末，我们全家开车去终南山里度假，都要经过一条子午大道，从南三环一路向南，一直延伸到环山公路上，笔直而宽阔，是今天的西安人上终南山必然会选择的一条进山之路。

每次走过这条路的时候，女儿都会问我，这条路为什么会叫子午大道呢？

这可能是因为古人以子为北，以午为南。子午道是一条标准的南北路，它的名字大概就是由此而来吧。

汉朝的子午道，从长安城向南，经过沣峪口，一路翻越终南山，再下到广货街，过石泉县，最后到达汉江谷地，总长度在千里之上，是由关中通向秦岭以南的几条古道中最长的一条。而且，因为穿越秦岭深处，景色非常优美。有一年我和朋友开车走过这条古道，山间的公路在浓郁的绿色之间盘旋着，时隐时现。四周宁静，只有鸟儿在一片绿色之间唱着清脆的歌，婉转极了。有好多不知名的果子，红的、绿的、黄的，时不时地点缀在绿色的山路上，美得像幅画！

如此美的汉朝古道，其实还有很多条，它们有的翻山越岭，有的横跨江河，还有的穿越沙漠，各有各的风景，各有各的故事，真是说上几天几夜也未必说得完。所以我一直有个伟大的梦想，总有一天，我要走完所有的古道，到那个时候，也许我会再写一本书，书名就叫《问道》。

怎么样，要不要一起期待呢？

有车一族的小烦恼

想拥有一辆豪车，得先认清自己的身份

说到关于汉朝人乘车的话题，我总是会先想到班婕妤。

班婕妤是汉朝的一位大才女，要论起来，班超和班固这哥俩还得管她叫声姑奶奶呢。当然我们今天讲这位班婕妤，并不是要讲他们班家的家事，我们要讲的，是班婕妤和她老公的故事。

班婕妤的老公，就是大名鼎鼎的汉成帝刘骜。当然刘骜之所以会出名，多半儿还是因为在班婕妤之后，他又有了两位特别有名的女人，一个是赵飞燕，一个是赵合德。

在遇见赵飞燕和赵合德以前，刘骜还是很爱班婕妤的，毕竟这是一个靠才华赢得爱情的女人，虽然不会撒娇卖萌，但她身上那股子被诗书滋养出来的文化气质很是让刘骜着迷，就连出门乘车都恨不能拉班婕妤坐在他身边，真是一分钟也不想分开的样子。

可班婕妤呢？她当时给刘骜说了这样的一段话：

观古图画，圣贤之君皆有名臣在侧，三代末主乃有嬖女。今欲同辇，得无近似之乎？

这话啥意思呢？

班婕妤的意思是说，她看到一些古画里圣贤的君主身边是不坐女人的，直到后来那些昏庸的皇帝们才把女人拉到他们的车上去。她要是现在也坐在汉成帝的身边，不是和那些女人一样吗？

汉朝人坐车的讲究确实特别多。你就拿班婕妤这事来说，虽然她都是皇帝特别宠爱的女人了，但皇帝的车子，那也不是说坐就可以坐的。

对于一个汉朝的有车一族来说，什么样的身份乘坐什么样的车子有着非常严格的规定。并不像现在，只有你有钱，玛莎拉蒂再贵你也能坐得起，但在汉朝就不行：

天子驾六马，诸侯驾四，大夫三，士二，庶人一。

这是汉朝人的用车制度，他们规定了皇帝可以坐六匹马拉的车子，但诸侯就只能坐四匹的，大夫的车子配三匹马；读书人的车子配两匹马；至于一般人，就一车一马吧。

我不太懂车，但我听我家老公说，决定一辆车子好不好，发动机很重要。汉朝的车子没有发动机，因为那个时候还没的机动车这一说，所以他们那个时候高规格的车子，都是用马来拉的。

马的数量越多，基本就相当于这车子的发动机越厉害了。皇帝用最好的发动机——六匹马，至于普通的小老百姓，那就只能用马力最小的一款——单匹马！

但如果你想“金玉其外，败絮其中”，以为“发动机”差点就差点吧，能不能把车子装潢得漂亮点？

这也得看你是个啥身份。

因为在汉朝，车子的装潢也是有等级规定的，别的都不说，仅是车子顶盖的用料，都跟你的身份严格挂钩：收入在二百石以下的官员，用白布盖；收入在三百石以上的官员，用皂布盖；收入在千石以上的官员，用皂缯覆盖；皇太子、皇子用青盖。

至于说其他的装饰物，像什么车轮啦、车幡啦、辂啦、毂啦的，讲究就更多了，总之一句话，越是身份尊贵，车子装饰得越是华丽。不过有一个人倒是十分特殊，她是汉宣帝刘询的亲外婆，这身份够高了吧，但是，她却乘着一辆牛车进京来了。

好生奇怪！

原来，刘询在做皇帝以前，他的爷爷，也就是汉武帝的大儿子刘据，因为遭人诬陷，被他亲爹判了个满门抄斩。

刘询的爸爸、妈妈，作为刘据的儿子和儿媳，当然也就成了冤死的鬼魂。刘询那个时候还是个吃奶的娃娃，可照样也被关进了监狱。

好在，当时有个叫邴吉的丞相偷偷地把他带到了民间，上演了一出汉朝版的王子出逃记。

刘询人生的高光时刻，是因霍光而开启的。

霍光一直想给大汉朝找位出色的当家人，可大部分的刘姓子孙，都在刘据事件中被杀害了。后来他一打听，咦，民间还有个刘据的孙子在呢。

于是赶快把他接回了宫。就这样，刘询一夜之间变成皇帝了。

做了皇帝的刘询，十分想念他的妈妈，但妈妈已经没有了，于是就把妈妈的妈妈，也就是他的外婆从民间接到了皇宫。

刘询的外婆叫什么已经没有人知道了，从她来了京城之后，大家只记住了一个叫作“黄牛妪”的乡下老太婆。

为什么要叫皇帝的外婆“黄牛妪”呢？

因为刘询的外婆来京城的时候，乘坐的是一辆黄牛拉的车，宫里的那些皇亲贵族们一见，全都瞧不起她，于是就给她取了个外号——黄牛妪！

只是，这些身在富贵之地的人们哪，他们又怎么能想象得到，并不是每个人都能像他们一样可以有辆漂亮的马车坐的！

作为汉朝车辆的发动机，马实在是太贵了！别说是普通人，就连刘邦刚当皇帝的时候，想给他的爱车配上几匹颜色一样的马都不是件十分容易的事：

天下既定，民亡盖臧，自天子不能具醇驷，而将相或乘牛车。

醇驷，指的是颜色一模一样的四匹马。但那个时候汉朝初立，天下还不太平，好的马匹全都用在战场上了，所以那个时候别说是老百姓，好多当官的都没有马车坐，只好屈就坐牛车了。

但是，后来天下太平了，大家的日子都好过了，那些有权阶级就把老祖宗当年过的苦日子都忘记了，所以对于一位坐牛车的乡下老婆婆总是有些看不上眼，还给人家起外号。岂不知对于一个普通人来说，能有辆牛车那就很不错了，你就拿汉昭帝时期的丞相蔡义来说吧：

家贫，常步行，资礼不逮众门下。好事者相合为义买犊车，令乘之。

蔡义年轻的时候是真穷，每天上下班全凭走路，根本没有钱买代步工具。他的同事们一看，这小伙人挺好，干活也踏实，就是因为没辆车，谈个业务、开个会的，总是他最后一个到。

于是大家一商量，干脆，合伙出钱给他买辆牛车吧！

可见马车虽好，对于一般人来说依然望尘莫及，即便是便宜的牛车，也不是人人都可以拥有的。

年轻的蔡义，难道会不知道，拥有一辆装饰得十分豪华的马车奔跑在大街上是件多么威风的事情！可对一个收入微薄的年轻人来说，或许还是适合自己的，才是最好的！

所以还是那话，别管啥车，关键在于坐着安心，一个月出入不过几千块的上班一族，非要贷款买辆几十万的车，那每天早上起来睁开眼睛就计算着还欠银行多少钱的日子，过得总归是有些不踏实的！

汉朝也有车船税

自从去年体检查出脂肪肝以后，我家老公突然决定每天骑自行车上班了。结果这一骑就骑上瘾了，而且还给我掰着指头列举了骑车的几大好处：

第一再也不用找停车位了；

第二再也不怕堵车了；

第三把去健身房的钱算是省下了；

第四没有限号，想啥时候上路就啥时候上路！

他说他现在是越来越体会到绿色出行的好处啦。

其实关于绿色出行，根本就不是个新鲜的话题。谁都知道开辆小车出门比走路快，可谁也都知道，路上车子越来越多造成的交通堵塞，也确实是件叫人头疼的烦心事！

牛马车舆，填塞道路。

这样的问题，即使是两千年以前的汉朝，也同样存在！

随着人们的日子越来越好过了，刘邦当年想找四匹同颜色的马都找不着的困窘，对于他的子孙后代来说，真是一去不复返了。文景之治以后的汉朝人，手里变得有钱了。有了钱的汉朝人，谁不想让自己过得舒服些?

于是大家都买车了。

有的人一家一辆车，有的人一家好几辆车，还有的人家，新车子还没有用多久就不喜欢了，扔掉，再换辆新的！

所以，街上的车子越来越多了。

看起来，是时候应该控制一下车子的数量了！

轺车以一算，商贾人轺车二算，船五丈以上一算。

这大概算得上是汉朝第一次征收的车船税。

谁的主意呢？

汉武帝！

既然大家都有钱买车了，而且有的还一买就是好几辆，那么好吧，把车船税都交了吧！

一般人家里有车的，一辆车交一算，一算一百二十钱；

商人家里有车的，一辆车交两算，两算二百四十钱；

有船的，达到五丈长的一艘一算，一算一百二十钱。

汉武帝征收车船税的目的，其实并不是倡导绿色出行，他那会儿是穷疯了。跟匈奴打仗，把国库都打空了，于是就想了这么一个揽财的办法。

但这办法在一定程度上，还是控制了一些人对车子的购买欲。但对于有钱人来说，一辆车一年交这百十块的税钱根本不是个事。所以，大汉朝的马路上，依然天天在堵车，逼得朝里那些当官的不得不开会研究，是不是应该出台一条“限车令”：

方今公卿大夫子孙，诚能节车舆，适衣服，躬亲节俭，率以敦朴，罢园池，损田宅，内无事乎市列，外无事乎山泽，农夫有所施其功，女工有所粥其业。如是，则气脉和平，无聚不足之病矣。

这条意见有点儿长，因为他在提出这条限车令的同时，顺便也倡导了一下大家要习惯一种绿色节俭的生活方式：

改开车为步行，有利于健康，还净化环境；

杜绝奢侈品，杜绝浪费，保护自然资源；

别一切都向钱看，关心身边的人，做好分内的事。

这是汉朝人倡导的健康生活理念。他还说了，只要你坚持这样的生活方式，保你身体越来越好，烦恼越来越少，再也不用总往医院跑！

你已身在大汉，请出示你的通行证

一到国庆小长假，好像全中国的人都朝外跑了，一下子各个旅游景点全都人满为患，就连电视上也不失时机地配合这个黄金旅游周，给大家说古论今，演了一个《古人如果外出旅游，都会做好哪些准备》的节目。

主持人说，古人出行，其中最要紧的，是要准备好一张外出通行证。这在当时叫作符传制度。

女儿马上说问我，这是真的吗?

于是我便给她讲了那个“终军弃繻”的故事。

谁是终军呢?

这个人名现在知道的人不多，但他有一个非常著名的典故“主动请缨”却是人人皆知的，说的是当年南越想建立友好往来，人家已经发出邀请了，可应该派谁来完成这次活动呢?

当时的汉武帝有点儿拿不定主意，于是他身边有个叫终军的大臣便自告奋勇地说：“请赐我一杆长缨，我愿前往南越完成这项任务。”

所以“主动请缨”这个典故，就是汉朝这位名叫终军的人留给我们的。除此以外，他还留下了另一个典故，叫作“终军弃繻”。这是另一个故事，发生在“终军请缨”之前，那时，他刚刚应召入长安，到了函谷关的时候，守关的人给了他一张繻。

终军纳闷了，这是个什么东西呢？

守关的人回答他说：

为复传，还当以合符。

守关的人交给终军的这张繻相当于一张通行证。把它一分为二，一半交给终军，另一半留在关口，等终军从长安返回的时候，两半合而为一，他就可以出关了。

这就是汉朝的符传制度。

但终军听了呵呵一笑，说：“我这一次去长安是做大事的，还回来干什么呢？”

于是当场弃繻而去，这就是“终军弃繻”的故事，他把通过函谷关的通行证给扔了！

虽然终军扔了这张通行证，但汉朝的符传制度却从来没有废弃过：

今豪杰多远交，依东方群盗。其谨察出入者。

人员流动非常频繁，很容易让坏人蒙混过关。所以，如果有人要出远门，政府就给他颁发一张通行证。

当年王莽当政的时候，就有这么一件事情。当时有个官员，要去外地出差，路过一个叫奉常亭的地方，被亭长拦住了。

亭长问：“你的通行证呢？”

这位官员大概走得急，没有办通行证，但他要了个小聪明，想拿自己的工作证蒙混过关，这哪行呢？大汉朝的路卡上，只认官方的通行证，不认你单位的工作证！

亭长一看他拿不出通行证，就要上来抓他。官员一看急了，挥起马鞭就朝亭长的身上打，就这样两个人一来二往地纠缠在一起，结果那个官员竟然被这亭长给打死了。

这下，惹出人命官司了！亭长一害怕，跑了。

官司打到了王莽那儿，这可是杀人的罪啊！于是就有人说，下通缉令吧，得把亭长追回来。

谁知，王莽却说：

亭长奉公，勿逐。

亭长秉公执法，他做得对，为什么要通缉他呢？

可见生活在汉朝出门带上通行证得有多重要，不然就算是被打死了，你都没地方说理去！